ノンフィクション短篇20

人のかたち

岩切徹

平凡社

まえがき

ノンフィクションというのは人を食う仕事だ。因果な商売である。いつのころからか、どうせ食べるのなら丸ごとペロリと食べたほうが思いっきりもいいし礼儀にも適っていると思えるようになり、少し楽になったような気がする。

人がわかるようになったということではない。ますますわからないから当人だけではなく、その人を知っている人たちにもしつこく聞いてまわり、集めた話を切ったり貼ったり、接続したり混ぜ合わせたり、削ったり捨てたりして一つのかたちをつくっていく。ペロリ感を目安にするということはその人のかたちを探し出す作業でもあった。

原稿の最初の読者である編集者には、だからいつも「どう、かたちになってる?」と確かめていた。そうやって書いた二〇テーマ(二〇人と書きたいところだが、ミッキーマウスは一人とカウントできるのか、キャンディーズは三人ではないかという意見も予想されるので、こう記す)を集めたのがこの本である。人によってはドキュメンタリーフィルムや芸能、絵画、はたまた数式のようなものまで、さまざまなかたちを感じてもらえるのではないだろうか。ペロリと味わっていただきたい。
ふつうノンフィクションというと長編ものが多い。しかしフィクション同様、ノンフィクションにも短篇があっていいのではないかとずっと思っていたので、副題に「ノンフィクション短篇20」とつけた。またインタビュー対談はノンフィクションのライブであるという考えから、インタビュー記事も何本か入れることにした。

二〇テーマの並べ方に深い意味はない。どこから読んでいただいてもかまわない。ただ、本にする段階で、最初に氷川きよし、最後はまど・みちおにしようということだけは決めていた。理由は簡単である。執筆当時の氷川が二五歳でいちばん若かったし、まど・みちおが九四歳と最年長だったからだ。年齢差およそ七〇歳。つまりこの本のテーマは、祖父母から子供、孫の代まで、ほぼ三世代をカバーしていることになる。

目次には取材した人たちの名前を記した。書き出してみて、ずいぶん多くの人に会ったんだなあとあらためて驚いている。それぞれの人間関係、事実関係についてはあくまでも雑誌掲載時のものであることをお断りしておきたい。敬称の有無も掲載時の文に準じた。

人のかたち❖目次

氷川きよし［歌手］

ヤだねったら、ヤだね！

2003年7月7日号『アエラ』

またたび。ネコの大好物のアレではない。漢字で書けば股旅。全国を股にかけての旅の意から、ばくち打ちが旅から旅へ一宿一飯の生活を送ったこと（新明解国語辞典）。このことばをはじめてきいたとき、氷川《ひかわ》はネコの方のまたたびのことかと思ったという。それから数年後。いくぶん舌っ足らずの、というよりホントは舌がちょっと長めらしいのだが、目の前の二五歳の氷川きよしがしみじみという。「人生、股旅ですね」。

去年から氷川は全国規模のコンサートツアーを展開している。子どもからおばちゃんばあちゃん、ひいばあちゃんまでが腰を浮かしてペンライトを振り、「♪ヤだねったら、ヤだね」と氷川が歌えば間髪容《い》れずに「きよしーッ！」の大合唱。そんな熱気のこもった会場を後に町から町へ、いまの氷川はそれこそ全国を股にかけた旅ガラス生活を送っているのだ。

しかし、どうだろう。語義に従えば、まだ股旅の意味も知らない高校卒業時をもって氷川の股旅人生のスタートと考えるのが妥当なのではないか。「一か八かのギャンブルでした、東京に出てきたのは」と本人もいうように、福岡からの上京は氷川の打った最初の大博打だった。

ポップス系の歌が好きだった氷川が演歌どっぷりになったのは高校入学後だ。「芸能部」という部活に入った彼は顧問から「君の声は演歌向きだ」といわれ、鳥羽一郎《とばいちろう》の「兄弟船」のテープを手渡される。最初は抵抗があったが、歌ってみるとコブシが回って心地よかった。それ以降は聴くのも歌うのも演歌一辺倒。友だちに「ダサイ、線香臭い」とバカにされながらも、けなされればけなされるほど氷川は思った。「じゃあ、なってやろうじゃないか、演歌歌手に！」。

高校三年のとき福岡県飯塚《いいづか》市で開催された『歌謡塾あなたが一番』（NHK・BS）に出場。「男の海」を歌う。審査員の一人としてその歌を聴いていたのが作曲家の水森英夫《みずもりひでお》だった。水森はそのときの氷川の印象をこう語る。

「若いのに演歌を歌うなんて変なヤツだなと思った（笑い）。でも妙に声が耳につくというか印象に残ったので、番組終了後に声をかけたんですよ。歌手になりたいのかと」。

九五年ごろの演歌界といえば藤《ふじ》あや子《こ》、伍代夏子《ごだいなつこ》など、きれいな女性歌手が脚光を浴びていた時代だ。いくら歌が上手《うま》くても男性歌手がデビューできる機会はほとんどなかった。「デビューできる保証はないぞ」と念を押したあと、水森はいった。「それでもよかったら東京においで」。その一言だけをたよりに、氷川は高校卒業後すぐ東京に向かったのである。母の反対を振り切っての上京。氷川の歌でいえば、「おっ母《かあ》すまねえ、積もる不孝は倍返し」といったところか。

アルバイトをやりながらレッスンに通う東京暮らし。レッスンは単調極まるものだった。やることといえば「なねにのぬ」と「たてちとつ」を繰り返す発声練習のみ。しかし水森には考えがあってのカリキュラムだった。

「いまのカラオケ時代に玄人はだしの素人歌手は全国にゴロゴロいる。そのレベルを超えるにはまずノドをつくる必要があった。上京後すぐの氷川は蚊の鳴くような声だったんですよ。それを一年間徹底的に鍛えて、ようやく声が当たるとカーンと音が前に出るようになった」。

そのカーンが安定して出るようになったのを確認して、水森ははじめて氷川に歌を歌わせた。課題曲は懐メロ。東海林太郎《しょうじたろう》、三橋美智也《みはしみちや》、三波春夫《みなみはるお》といった戦前戦後の歌手たちの名曲を次々に歌わせた。いずれも音域の広い難曲。てこずったが、まもなく氷川は歌いこなすようになり、そこではじめて水森はオーディションを口にする。

レコード会社はすぐに決まった。問題はプロダクションだった。一〇軒は回っただろうか。しかしその新人が男だとわかったとたん、体よく断られた。ほとほと困っていたとき「長良《ながら》プロダクションはどうだろう?」という提案があり、そこがダメならもう後がないと判断した水森はギター持参で乗り込むことにした。生の氷川の声で勝負をしたかった。長良じゅんは雪村《ゆきむら》いづみの初代マネージャーであり、不遇時代の水原弘《みずはらひろし》を「君こそわが命」でカムバックさせた伝説的な人物だ。美空《みそら》ひばりとは「ねえさん」「きょうだい」と呼び合う間柄でもあった。

♪合羽からげて〜と「雪の渡り鳥」を歌う氷川の声を長良は目をつぶって聴いていた。そしてもう一曲。♪その名乗りを〜と「一本刀土俵入り」が事務所内に響き渡る。その歌が終わると同時に長良は自分の部下にいった。「オレやるからな」。即決だった。

「あれもギャンブルでした」と氷川はいう。「死ぬ気で歌いました。それでダメなら福岡に帰ろうと思っていた。まだやり直しのきく二一歳でしたからね」。

上京してから三年が過ぎようとしていた。氷川の歌でいえば「廻《まわ》し合羽も三年がらす、意地の縞目《しまめ》もほつれがち」な、瀬戸際での大博打だった。一方、長良はそのときの感想をドスの利いた低い声で次のように述べる。

「上へキューッと押し切れる声。そういう爽やかな声に出会えるのをずっと待っていた。だからあの声を聴いて、よしやろうと三分で決めた。オレはニオイで生きてる人間だからね。勝新太郎《かつしんたろう》や水原弘とは兄弟のように付き合ってたけど、あの二人もニオイの人たちだった。要するに頭より触覚で即断する人間」。

長良が氷川のデビューは股旅物で行くと告げると、無謀すぎると周りは猛反対した。たしかに股旅物でのデビューとなると橋幸夫《はしゆきお》の「潮来笠《いたこがさ》」以来じつに四〇年ぶりのことになる。しかし股旅物を歌っているときに氷川は一番いい声を出すし、それに股旅物が日本人に合わないはずがないとずっと思っていた長良には、それ以外の氷川のデビューは考えられなかった。つまり長良は自分の「ニオイ」に忠実な博打を張ったのである。

かたや、そのあたりを分析的に捉えていたのがコロムビアレコード担当ディレクターの外村孝《とのむらたか》雄《お》だった。外村は語る。「演歌の購買層は六〇歳代前後が九割を占めているんです。その層に一番訴えるものは何かと考えると、人の記憶って昨日今日のことより自分が若かったころのことの方が鮮明に残っているんですね。となると四〇年前つまり彼らが二〇歳前後だったころに流行《はや》っていたものは現在の彼らともダイレクトに繋《つな》がっているはずだし、だったら股旅物は行けるぞと思った」。

氷川のデビュー曲はどうやって生まれたのか。「制作」現場をちょっと覗《のぞ》いてみよう。集まっているのは外村と水森、七五歳の大ベテラン作詞家・松井由利夫《まついゆりお》の三人。場所は、とある居酒屋。汚い紙にときどきメモを書き込む松井。以下、酒を飲みながらワイワイと。

松井「股旅物ね。上州は古いし利根《とね》は出すぎだし、東京近辺だったらどこ?」。

水森「箱根《はこね》八里って使いたい」。

外村「じゃ箱根八里の半次郎って『ははは』と韻を踏みますか」。

松井「いいじゃない、それ。いただき。その半次郎はどういう人間にしようか」。

水森「大川橋蔵《おおかわはしぞう》のイメージはどうですか。粋でイナセで女にモテて、ちょっとオッチョコチョイ。そいでもって滅法強いと。だけどお袋に親孝行できなくて陰でいつも申し訳ねえといっている、そんな半端なヤクザ。マキノ雅弘《まさひろ》監督の道中物の青空のイメージですよ」。

松井「マキノ監督ね。箱根名物といったら何かなー」。

外村「寄せ木細工」。

水森「温泉も外せない」。

松井「となると一番はあれですか、半次郎がどういう人間かをキチッと説明する。二番は色恋沙汰《ざた》を、三番はお袋さんをちょっと入れると。そのパターンでどう？」。

水森・外村「いいじゃないですか、先生。それで行きましょう」。

後日、松井から送られてきた「箱根八里の半次郎」の歌詞を見て、水森は唸《うな》った。そこにはすべてが書き込まれ、しかも遊びがあった。曲想が次々に湧いてきた。長良も同感だった。「さすが松井先生」と思った。しかし何か一つ足りないとも思った。そう、「サントワマミー」が流行ったころ麻雀で振り込んだヤツが思わずもらしていた「目の前が暗くなる～」のようなキャッチだ。そういうキャッチが欲しいという長良の注文に松井と水森は再考。呻吟のすえにポンと出たのが、「ヤだねったら、ヤだね」のフレーズだった。

氷川きよしの芸名もこのころ決まった。デビューCDに採用されたのが「箱根八里の半次郎」と「浅草人情」の二曲。浅草の住人である長良は浅草ロック座出身で旧知の間柄でもある北野《きたの》たけしに命名を依頼した。

たけし「へえ、股旅物と人情物ですか。大丈夫ですかね。いや、そりゃ会長のやることだからあれだけど、私でいいんですか。売れなかったら困っちゃうしな」。

長良「大丈夫。これ聴いてよ」。

たけし「はあ、この『ヤだねったら、ヤだね』いいですね」。
長良「これ入ってた方がいいよな」。
たけし「絶対その方がいいですよ。本名が山田《やまだ》清志《きよし》。じゃ芸名は氷川きよしってのどうですか。会長の会社は氷川神社の近くにあるし、氷川神社って日本中にあるから耳にも馴染《なじ》みやすい」。
長良「いただき」。

長良がいう。「わかるんだよね、たけしは。あいつもニオイで生きてる男だから」。
氷川のデビューが二〇〇〇年二月。五月に早くも「箱根八里の半次郎」は三〇万枚の売り上げを突破し、勢いはその後もとどまるところを知らず、同年のレコード大賞最優秀新人賞を受賞。「ヤだねったら、ヤだね」は流行語大賞に選ばれた。二曲目の「大井追っかけ音次郎」も大ヒット。「半次郎」の延長線上にあるこの曲の挿入フレーズも話題になった。その経緯を外村はこう語る。

「水森さんとゴルフやっててOBを出したんですよ。もしかしたらセーフかなと思いながら見にいくとアウトだった。そこで思わず出たのが、『やっぱりね、そうだろね』(笑い)。そして『しんどいね、未練だね』(笑い)」。
ノっている。しかしそのノリのまま行くかどうか問われたのが三曲目だった。ここで股旅物を出しても当たり前。茶髪にピアスのかっこうで股旅物という、客の思惑を気持ちよく裏切ってあげるのが氷川の真骨頂だ。四〇年前に何があったかを再検討し、もっとも氷川の声に合っているという結論に達したのがズンドコ節だった。「きよしのズンドコ節」。「♪ズン、ズン、ズン、ズンドコ〜」「きよしーッ！」の嬌声《きょうせい》が巷《ちまた》にこだました。四曲目も次はダンチョネ節あたりかなという一般の予想を裏切り、「星空の秋子」をリリース。一〇〇人から始まったファンクラブはいつしか一万五〇〇〇人に膨らんでいた。そして五曲目の「白雲の城」。それまでとガラリと変わり、不易流行の思想を城と人に見立てた重厚な歌曲だ。

「難解な歌詞ですよね」と外村はいう。「でも長良会長のアイデアで途中にセリフを入れることで歌がグッとわかりやすくなり、蓋《ふた》を開けたら大ヒットでした。『半次郎』『音次郎』のフレーズといい、会長のヒントがなかったら氷川の曲はこんなにヒットしてませんよ」。

長良は子どものころ浪曲師だった。日露戦争前後から昭和二〇年代まで、日本の近代を圧倒し続けた浪曲というサブカルチャー。その浪曲も『清水次郎長伝』で一世を風靡《ふうび》した広沢虎造《ひろさわとらぞう》が倒れる一九五八年前後から衰退の一途を辿《たど》るのだが、虎造と同じ舞台に立ったこともある長良はその盛衰両方に立ち会ったことになる。浪曲が体に染み付いていないわけがない。この日本人のカタルシスのツボを知り尽くした芸能の本質が義理人情であり、「語り」と「歌」だ。歌に語りの断片としてのセリフやフレーズをはさむアイデアも、だから長良にすれば「ニオイ」で下した即断だった。

「氷川きよしってマジンガーZなんですよ」と、外村は外村で彼の世代のサブカルチャーを引き合いに出して語る。「マジンガーZに乗って操縦するのは兜甲児《かぶとこうじ》だけど、あの超合金ロボットをつくったのは祖父であり、スタッフが何人かいてはじめてあのロケットパンチが打てた。氷川きよしという偶像も氷川本人が操縦桿《かん》を握っているけど、関わった多くの人が自分のやるべきことをやったからあの声を日本中に発することができた。運がいいんですよね、彼は。出会うべき人たちにちゃんと出会えて」。

「氷川きよし」はさまざまな世代の思いから成り立っている最新型ロボットなのだ。たとえば**水森**はその思いをこう語る。「ぼくも歌手だったことがあるんですよ。デビューが六三年。四〇年前です。そのとき本当は股旅物で勝負するはずだったのにそれができなくなり、悔しくてしょうがなかった。歌手をやめて作曲家になってからもいつか股旅物をやりたいと悶々《もんもん》としていた。だから彼が紅白で『箱根八里の半次郎』を歌っているときは自分が歌っているような錯覚に襲われました。スターになれなかったぼくの歌手時代の夢なんですよ、氷川きよしは」。

こういう熱い思いを引きつける力が氷川にはあるのだろう。もちろん彼の人柄もある。そんな氷川の人柄について各人、次のように話してくれた。

外村「見ての通りです。裏も表もない。親のことを思っているとコメントしているけど、ホントにそう思っているし」。

長良「ウソがないんだよ。ウソはわかるからね。だからあいつがステージで泣くとみんなもらい泣きする」。

水森「歌にはものすごく貪欲《どんよく》。ほかはからっきしダメ。まったく欲がないというか、不思議なヤツです。歌だけは昔からレッスンが大好きで、いまも月に二度ここに来る。忙しいときは電話でレッスンです」。

「レッスン好きですよ」と氷川も認める。「やればやるほど上手くなりますからね。コンプレックスの塊だったんです。いまだにそういうとこあるけど。だから自分を好きになろうと思っていろいろやってきた。じつは自分のキンキンした高い声がすごくイヤだった。でもそれを武器にして大会で入賞したりすると認めてもらえたんだなと思えたし、そうやって少しずつコンプレックスを克服することができた」。

しかし氷川はなかなか「氷川きよし」を乗りこなせないでいた。デビュー後ものすごいパワーで動き出した「氷川きよし」に本人は置いてけぼりをくったかっこうだった。何がなんだかわからないまま、とにかく精いっぱい歌っていた。ようやく氷川が「氷川きよし」に追いついたのは去年のツアーが始まってからのことらしい。氷川が語る。

「それまでは歌い手という自覚も乏しかった。ところが舞台に出るとどこの町に行ってもお客さんがワーッとぼくを求めてくるし、生き甲斐に思ってくれてる人もいるんですね。あ、ぼくが歌っていることに意味はあるんだ、ぼくには生きている価値があるんだと、はじめて実感できるようになった。歌の力ってすごい」。

客が見えてきたのだ。ということは自分が見えてきたということでもあるのだが、彼のコンサートに行くとその様子がよくわかる。氷川は二階席の客や八六歳のおばあちゃんなど一人ひとり

撮影＝菊地健志

に話しかけ、歌い、観客といっしょになってステージと客席の間に「氷川きよし」を浮かび上がらせていた。いまの氷川と「氷川きよし」は氷川の方がややリードするかたちで、いい感じの補完関係にある。

戦後の日本は二度の焼け跡時代を体験した。最初の焼け野原のとき、歌の力をもって登場したのが美空ひばりだった。ひばりは森の石松に扮したり、股旅映画にも多数出演している。戦後まもなくの青空と、股旅物の書き割りの青空が奇妙に一致していた時代だった。

そのひばりが死んだのが八九年。そのすぐあとにバブルが弾《はじ》けて不良債権が焦げつき、二度目の焼け跡時代が到来する。ただこの焼け跡は数字上の焦げつきだから外見《そとみ》には見えにくいし、それだけに始末が悪い。以後はっきりしない天気が何年も続いている。そんななかにズバッと書き割りの青空をもって登場したのが「氷川きよし」だった。そして「ヤだねったら、ヤだね」という誰もがこぼしている小粒のつぶやきをなんの衒《てら》いもなくスコーンと明るく歌ってくれたのだ。「氷川きよし」の登場を擬音で表せば「ズバッ、スコーン!」といったところか。

「待ってました!」。

その快音に最初に快哉《かいさい》を叫んだのは六〇代前後の人たちだったが、ファン層はいまや二〇代の女性から子どもにまで広がっている。一歩町に出れば、あのビルもこの店舗も書き割りだということがバレてしまっている時代だ。プリクラ感覚で「氷川きよし」を消費するコもいるし、リカちゃん人形男性版として愛玩するコもいる。少女マンガでも氷川を模した「眼力」のある主人公をよく見かけるようになった。世代を超えたというより、世代によってそれぞれの見え方をするのが「氷川きよし」という最新型ロボットのミラー機能なのだろう。

――股旅生活が続いているけど、氷川さんの帰るホームってどこ？

「ぼくのホームはお客さんです」。

いえそうでなかなかいえないセリフを氷川はズバッといってのけた。

ひかわ・きよし

本名・山田清志

1977年 福岡県生まれ。

福岡第一商業高校在学中に演歌に目覚める。

1995年 『歌謡塾あなたが一番』（NHK・BS）に出場。作曲家水森英夫に声をかけられる。

1996年 高校卒業後、上京。アルバイトをしながら水森のもとで3年半の修業を積む。

2000年 「箱根八里の半次郎」でデビュー。

2001年 「大井追っかけ音次郎」リリース。マキシシングル「きよしこの夜」リリース。

2002年 「きよしのズンドコ節」リリース。全国80会場160公演のコンサートツアー開催。「星空の秋子」リリース。NHK連続テレビ小説『まんてん』に出演。

2003年 全国60会場120公演のコンサートツアーをスタート。「白雲の城」リリース。初の座長公演『草笛の音次郎』に挑戦（7月中日劇場、10月新宿コマ劇場、04年2月新歌舞伎座）。

泉ピン子［役者］

なんでこれほど叩かれる？

2003年6月9日号『アエラ』

ブタのペニスはどういう形状をしているか、ご存じだろうか。

もったいぶってもしょうがないから答えを明かしておく。驚くなかれ、螺旋状《らせんじょう》なのだ。自ら発情したブタを実地検分した女性がいうのだから間違いない。その小柄で元気のかたまりみたいな女性はボードを片手に、テレビ画面の向こうから身ぶり手ぶりとともに大きな声で日本中の食卓に語りかけた。

「ブタのチンチンは螺旋状になってて、こんなふうにドリルみたいなんだ。こういうの男がもってたら女は喜ぶよ。やった後に電気釜のコードみたいにツルツルって入っちゃって、アラ便利」。

一九七五年の平和な土曜日の夜だった。その番組を見ながら、口にしていた晩飯を思わず噴き出してしまった視聴者もけっこういたことだろう。

「破れかぶれよ。でもそれが爆発的な評判を呼び、翌日からスターだもん。ブタの交尾でスターになったの、あたしぐらいじゃない？（笑い）」と語るのはほかでもない、それから四半世紀後の女優・泉《いずみ》ピン子《こ》である。

九〇年から続いている『渡る世間は鬼ばかり』も第六回シリーズが無事に終わり、静養中かなと思いきや、とんでもない。すぐに『ちょいといいかな、女たち』の舞台公演が始まり、その寸暇を割いてもらっての取材となった。

その二八年前の番組は『ウィークエンダー』といった。三面記事的な話題をタレントたちが自ら取材してレポートする、後のワイドショーの原型みたいな番組だ。タレントの一人が降り、急遽穴埋めとして出演したピン子は、どうせ一回ぽっきりの登板だと思って破れかぶれでしゃべった。それが先の「ブタのチンチン」なのだが、その後も「人妻と犬の情事」「コンニャク売春婦」のようなキワドイ「実話」を彼女はレポートし続け、番組は高視聴率をキープ。ついに「新日本婦人の会」ワースト番組のトップに指名されるまでになった。

「『ウィークエンダー』があたしの代表作よ」とピン子はいう。「あんな面白いもんなかった。だって作・構成・演出・演技と全部一人でやるんだから。でもテープは一本も残ってない。当時はテープがまだ高かったから、消してほかに使ったんじゃない？　あんなバカバカしい下品なものは局も取っとかないのよ」。

そんなピン子の破れかぶれパワーに注目し、「ドラマに出ない？」と何度も本人を口説いたのがＴＢＳのディレクター、鴨下信一《かもしたしんいち》だった。「山カンだよ」といいながらも、ピン子をドラマに誘った理由を鴨下は次のように説明する。

「彼女が座る女優の椅子がちょうど空いてたのね。美人じゃない・知的じゃない・金がない、の三ナイの椅子が。樫山文枝《かしやまふみえ》さん長山藍子《ながやまあいこ》さん樹木希林《ききき りん》さんとかも美人じゃないけど、どっか知的でしょ。その知性もないという女優はかつての飯田蝶子《いいだちょうこ》さんあたりから絶えていた。その席にぴったりはまったのがピン子だった」。

たとえば、ロッパ・森繁《もりしげ》・たけしといった社会的発言力のある「芸人」の系譜。ジュリー・東《ひがし》山《やま》・キムタクの、歌えて演技もいける「美男」ライン。それらと並んで芸能界には「三ナイ」の椅子があり、その定員一名の椅子が七五年の時点でたまたま空席だったというのだ。

いまから振り返ると、鴨下の「山カン」はかなり正確だったことがわかる。彼の演出した七五年の『花吹雪はしご一家』を皮切りに、それを見ていたプロデューサーの石井《いしい》ふく子《こ》が「あのコが面白い」と言い出し、『おんなの家』にゲスト出演。さらにその脚本を書いていた橋田寿賀子《はしだすがこ》が「あのパワーは珍しい」と珍重するようになり、七八年には橋田の書いた『夫婦』で好演。そのころ脚本家ジェームス三木《みき》のドラマにも呼ばれるようになり、泣きじゃくって顔中マスカラでまっ黒にした演技を見込まれ、八〇年にはジェームス作の『手ごろな女』で初主演。

決定的だったのが八三年の『おしん』の母親役だ。この橋田が書いた連続テレビ小説の大ヒットにより、ピン子は「美人じゃない・知的じゃない・金がない」の三ナイ女優として国民的に認知されたといっていいだろう。このときのピン子は全編ほとんどノーメイクで臨んでいる。

「あのときは役のために抜歯も考えた。でもまわりに反対されてね。何考えてんだ、『楢山節《ならやまぶし》考《こう》』じゃあるまいしって（笑い）。なんか取り憑《つ》かれたように役をつくるのが、あのころは面白くてしょうがなかった。役づくり？　そんなのないのよ。瞬発力。あたしの場合、『ウィークエンダー』からいまだに全部そう。芝居だって結婚だって、エイ、ヤーの一手（笑い）」。

『ウィークエンダー』を見てピン子に食指を動かした男がもうひとりいた。脚本家の市川森一《いちかわしんいち》だ。市川には鴨下とはまた異なる彼なりの泉ピン子観があった。

「暗いんだよ」。

市川の目には『ウィークエンダー』のあの破れかぶれのパワーも、庶民の暗い怨念《おんねん》のようなもの開き直りに映ったのである。だから明るい役ではなく、むしろ暗い役でピン子を使いたいと思った。そして書いたのが、八二年の『淋《さび》しいのはお前だけじゃない』。ピン子はそこで、夫の西田敏行《にしだとしゆき》にしょっちゅう殴られる暗い女房役を演じている。市川が語る。

「継母《ままはは》育ちなんだね、ピン子は。実母の愛は無条件だからその子どもはただその愛に応えていればいいけど、継子《ままこ》はそれができないんだ。無条件の関係が奪われているわけだから。自分から求めていかないかぎり愛されない。何にもしないところで愛される習慣がないから、演技でひとを笑わせたりする。愛を求めていく一つの表現として芸人や役者になっていったんだね。その必死さは世の中に出てからも変わらない。憧れのひとにには自分の方から愛してます！　とぶつかっていってるもの。そうしてないときのスのピン子は、そりゃあ暗い顔してるよ」。

――杉村春子《すぎむらはるこ》、森光子《もりみつこ》、石井ふく子、橋田寿賀子といった大御所にもそうやってぶつかっていった？

「と思うな。杉村春子といったら新劇の女王だから新劇畑のひとはビビッて近づけないんだけど、ピン子は新劇も何も関係ないから『先生々々！』ってね。何が面白いって、内々でワイワイやってるときのピン子の話術。ひとりで場をさらっちゃう。それであのうるさい杉村さんもコロッといった。杉村さんも新劇が時代に取り残されないよう必死になってたころだから、ピン子の感性に学ぶものがあったんだと思う」。

泉ピン子は客を摑《つか》む女優だ。新劇にはない握力だ。彼らが切り刻んで役に近づこうと手間取っているスキに、もう「瞬発力」で役を丸ごと生きたまま摑んでいるのだから。摑みが太い。その太さがあるから、柔らかくて緩急の利いた彼女独特の間合いが生まれる。

「ピン子の根底に流れているのは浪曲なんだ」と市川はいう。「ぼくは彼女の『唄《うた》入り観音経』を個人的に聴かせてもらったことがあるけど、絶品だった。ピン子の芝居の摑みもリズム感も浪曲的なものがベースなんだね」。

そういえば『ウィークエンダー』も、ネタの仕込みから演技まで全部一人でやっている。あの耳に残るしおから声、演台の代わりにテーブル、扇子の代わりにボードをもったと考えれば、あれこそピン子の浪曲だったのかもしれない。

ピン子の父は広沢龍造《ひろさわりゅうぞう》という浪曲師だった。戦後の浪曲界を背負って立った広沢虎造《とらぞう》の弟子だった龍造は、結核で片肺をなくしてからは浪曲作家になった。義母も三門《みかど》お染《そめ》という浪曲師。三門博《ひろし》の芸風を受け継いでいるのだろう。博は戦前の蓄音機しかない時代に二〇〇万枚のヒット曲を飛ばした浪曲界のスーパースターだ。その曲が「唄入り観音経」。ピン子は両親から浪曲を仕込まれたことはないのだが、義母の唸《うな》るのを聴いていつのまにか覚えていたのだ。

♪泣くな、よしよし、ねんねしな。坊やの母ちゃん、どこ行った〜

ピン子の頭の中には「語録」と書かれた抽斗《ひきだし》がある。大事なひとたちが彼女に投げかけてくれた、彼女にとっての名ゼリフ集みたいなものだ。そんな人物とセリフをセットにした捉え方や記憶法も、ぼくにはどこか浪曲という口承文芸の制作手法に近いように思われる。「この語録にあたしは支えられてきたのよ」とピン子はいう。いくつか紹介しよう。

たとえば杉村春子の「あなたと私、共通点があるわね。きれいじゃないってこと。でも、きれいに近づこうと思ってつくっていけるわけだから、そこがいいのねえ、私たち」。父親も味のあるひとだったようだ。「この世で起きたことはこの世で解決するんだからアタフタするな」。「お前ね、どうせ拾った人気なんだから」。こんなのもある。「男には気をつけろ」。

この男云々《うんぬん》は、ピン子にはグサッとくる忠告だったかもしれない。妻子ある男と深い関係になり、ヘトヘトになっていた時期が長く続いたからだ。江利《えり》チエミが泥酔のはてに食べ物を喉《のど》に詰まらせて死んだとき（八二年）、同じような死に方をするのではないかと心配した西田敏行がいった。「喉詰まらせたら、オレんとこに電話して受話器叩いて知らせろ」。

医師・武本憲重《たけもとのりしげ》とのピン子の結婚（八九年）に一番救われたのは西田かもしれない。それまで毎日のように二、三時間、電話口でピン子のグチや相談に付き合わされていたのだから。結婚したとたん、西田がいった。「これでようやく解放された。結婚したらもう変な死に方はしないだろうしな。オレさ、ホントは電話大嫌いだったんだ」。

「西田も継母育ちなんだね」と語るのは市川だ。「だから、昔から二人はとても深いところで理解しあっていた。恋愛関係には絶対ならない戦友みたいなもの」。

こんなセリフもある。かつて太地喜和子《たいちきわこ》にいわれたのだという。「ピン子ってさ、捨て犬のさみしさもってんだよね。それがなくなったら売れないよ」。

女優の商売道具は「空っぽ」だ。そこに役を容《い》れるのが商売なのだから。名女優ほど空っぽは大きいし、その狂気にわれわれは拍手を送ってきたのではなかったか。残酷なものだ。その空っぽを酒で埋めようとし、それに溺れたのが太地だった。鴨下はピン子に三ナイという度外れの空っぽの容量を発見し、市川はいまでいう演技型パーソナリティの一パターンとしての病理的な空っぽを見た。そのピン子の空っぽを「捨て犬のさみしさ」と形容した太地は、たぶんピン子に自分と同類の空っぽのニオイを嗅《か》ぎとったのだろう。

「それにしても鴨下さん」とぼくは再び尋ねる。「四半世紀以上も彼女が三ナイの椅子に座り続けると思ってました？」。

「ピン子がラッキーだったのはね」と鴨下が応じる。「対抗馬が現れなかったこと。それに人の運に恵まれたこと、努力家だってこと。それから自分が三ナイ尽くしで出てきたことを痛いほど知っているってことね。さらに、週刊誌なんかで叩かれ続けてるけど、叩かれているからこんなに長持ちしているんだよ」。

たしかにピン子のバッシング歴は年季が入っている。「芸人あがりに何ができる」「あの顔で主役か」から始まり、「若手女優イジメ」「シャネル狂い」「嫁姑地獄」「夫の愛人・隠し子問題」「前事務所からの借金問題」等々。これほど叩かれ続けているひとも珍しい。なぜこんなにピン子は嫌われるのか。ここでひとつ「緊急特番」を組んでみよう。

橋田寿賀子「そりゃ、ずばっとキツイことをいうからよ。媚《こ》びないのね、誰にも。私にだってそう。それから下積みから上がってきたから、新劇コンプレックスがあったりね、昔はワグナー聴いたり本をやたら読んだり、見え張ってたときもあんのよ。シャネルを買い切れるぐらいになりたいとか。でも結婚が転機だったわね。そういうの卒業したみたいよ」。

佐藤綾子《さとうあやこ》（前の事務所社長、借金問題は係争中につきノーコメントという条件で出席）「お父さんに芸は盗めと教わってるコでしたから、上の人に食らいついていった。それは彼女の才覚だからいいんだけど、上に優しいぶん下に厳しいというか。自分に関係ないとなるとバッサリ切る。女というより気分は男だと思いますよ」。

市川森一「たしかに相手が有能か無能かということには非常に敏感に反応するよね。無能だと判断すると歯牙《しが》にもかけないところがある。無能な連中の武器は陰口だから、そういう連中が火のないところで、煙を立てる。ピン子バッシングの背景はその類《たぐい》だろうと思う」。

鴨下信一「イジメ問題に関してはピン子側に理がなくもないけど、やや彼女の過剰反応かなって感じもする。下町のコだから口が汚いんだよ。それから浪費して借金こさえたというけど、それは芸人なんだからさ。ギリギリお金使って、それで借りた方が気持ちいいんだね。そうすれば次に稼ごうという意欲も湧くし、あれは一種の事業欲だと思うよ」。

石井ふく子「トレンディドラマとちがって彼女の位置は流行《はや》り廃りのないところにあるんですね。彼女の演じる役はそういう人間がそこで生活しているように見えるから、よけい嫌う方も気兼ねがないということかしら。ただ、取材もしないで書かれた記事が多いのには驚く」。

とまあ、意見はさまざまなのだが、ほとんどの発言者に共通するのはピン子の「口の悪さ」。彼女にもっとも近い夫の武本憲重もそのことは否定しない。「相手を追いつめるような問い詰め方をしてましたからね。でも結婚後は多少穏やかな言い回しになってますよ」。ピン子の「語録」の抽斗に、夫のセリフ「人を追いつめるな」が登録されたのである。

ふだんのピン子は鍋から焼き物、煮物、炒《いた》め物となんでも料理は上手《うま》いし、家庭的な女性だと武本はいう。そんな夫婦間の最大の危機といえば、やはり九五年の「夫の愛人・隠し子問題」だろう。武本はその経緯を次のように語る。

「ぼくたちも子どもが欲しかったので一生懸命トライしたのですが、ダメだったんです。それで諦《あきら》めかけたときに同僚の看護婦との間にできてしまった。ぼくも年齢的に四五歳でしたし、心の奥で老い先短い両親に孫の姿を見せてやりたいという気持ちもありました」。

そして、その女性が離婚はできないが認知はするという武本の条件に同意したので出産に踏み切ったのだった。

「両親は激怒しました。嫁さんがかわいそうだって。で、彼女にバレてしまうんですね。ハンコを押した離婚書類を渡して何カ月も話し合いました。修羅場でした。でも最終的には彼女がその書類を破って、認知や養育費のこともむしろ彼女の方から積極的に言い始めたんです」。

――彼女にはその子の置かれている境遇が他人事《ひとごと》じゃなかったんでしょうね。

「はい。ときどきいうんですよ。そろそろ幼稚園じゃない？　小学校じゃない？　そんなときは元気だよと答えるぐらいかな。あまり細かくいうと彼女を傷つけちゃうから」。

武本によると、その騒動後のここ五、六年の間にピン子は徐々に変わってきたという。シャネルからも離れていき、海外旅行も僻地《へきち》ばかりへ行くようになった。

そして夫婦は一匹の犬を飼い始める。といってもペット不可のマンションなので近所の知人宅に預け、ヒマを見つけては連れ出しているのだ。名前は「ミスター」。ピン子は甲斐甲斐《かいがい》しくミスターを風呂に入れては洗ってあげ、自分の服の代わりにミスターの服ばかり買うようになり、旅先では橋田に「バカじゃないの」といわれながらも「ミスターに会いたいよー」と泣き、与える食事も超高級牛肉だけという徹底した「親バカ」ぶり。

「人生変わったね、犬で」とピン子はいう。「昔飼ってたことがあるけど、こんなに愛情は注げなかった。『お前のせいでセリフが覚えられない』とか八つ当たりしてね。でも、犬も一個人なんだね。わかるのよ、こっちが何を思っているのか。もうメロメロ」。

溺愛である。というより溺愛しかできないひとなのだろう。空っぽの容量がそれだけ大きいのだから。その過剰が滑稽であり、苛立《いらだ》ちであり、捨て犬のさみしさであり、女優としての資質なのだ。

美貌・教養・金の「三種の神器」をかかげて文化国家を演じてきたのが戦後日本の消費経済だった。その裏返しの三ナイは、だから、ないものとして扱われてきた。しかし切り捨てたいと念じながらもしぶとく生き残っている何かを体現しているのが泉ピン子という存在なのであり、スターはスターでも一昔風にいうとトリックスターなのだろう。もうちょっと大げさにいうと、泉ピン子の前では戦後日本の方が空っぽを抱えた演技型パーソナリティだったことがあぶり出しになるわけで、そういう痛いところを突く存在だから、これほどまでに嫌われるのだ。またそれが平均二五％という『渡る世間』のような支持率となって表れる。

――ミスターに何か芸はあるの？

「ないない。媚びない・吠えない・芸がない。そこがこのコのかわいいとこよ」。

スのピン子が明るく笑った。

いずみ・ぴんこ

本名・武本小夜

1947年　東京・銀座4丁目生まれ。2歳のとき母が死に、その後、父は義母と結婚。

1965年　歌謡漫談家としてデビュー。以後キャバレー回りの芸人時代が続く。

1975年　『ウィークエンダー』（NTV）のレポーターで一躍人気者に。

1978年　『夫婦』（NHK）で本格的に女優業開始。

1980年　『手ごろな女』（NTV）で初主演。

1981年　『おんな太閤記』（NHK）に出演。

1983年　『おしん』（NHK）母親役で出演。

1984年　『山河燃ゆ』（NHK）出演。

1989年　武本憲重と結婚。

1990年　『渡る世間は鬼ばかり』（TBS）がスタート。

1999年　35年間所属した事務所から独立。

他にテレビドラマは『おんなは度胸』『女子刑務所東三号棟』など多数。舞台は『渡る世間は鬼ばかり』『おしん』『かたき同志』『あさき夢みし』『ちょいといいかな、女たち』など多数。

上原ひろみ［ピアニスト］

時間をホイップする極限のリズム

2010年11月22日号『アエラ』

ピアノを弾いているときの上原《うえはら》ひろみ（三一）と普段の上原ひろみはどうも別人らしい。

調律師の小沼則仁《おぬまのりひと》は普段の上原について「オーラ、ゼロですよ」と言う。「エレベーターで後ろから『おはようございます』と挨拶《あいさつ》する人がいるから振り返って見ると彼女だった。乗ったときに顔を見ているはずなのに全然気づかなかった」。

「楽屋でもいたって普通です」と言うのはヘアメイクの神川成二だ。「どんな大きなステージの前でも緊張感が全くない。普通に話し、煎餅か何かポリポリやってますからね」。

こんなこともあったらしい。二年前に彼女はチック・コリアと武道館でデュエット・コンサートを開いているのだが、公演当日遅れてやって来た。翌日ニューヨークに戻るので家の冷蔵庫にある卵が腐る、煮卵にすればみんなで食べられると思って卵を煮込んでいたのだ。「すごく大切なコンサートなんだけど」と語るのはヤマハミュージックアーティストの岡本洋一だ。「食べ物をムダにしないという普通の感覚も彼女の中では同じバランスで大事なんですよ」。ここまで来ると普通の域を超えていると言えなくもないが、人格的にはまだ普段の延長線上にいる。いつ別人になるのか。

「ステージに立った瞬間です」。小沼と神川と岡本の口から同じ返事が返ってきた。小沼が続ける。「まず顔が変わります。ピアノを弾いているときの彼女はぼくらの一〇〇倍はオーラを発している」。

そこから先はわれわれが客席から見ている上原ひろみだ。スニーカーを履き、目にも留まらぬ速弾きで八八鍵すべてを波打たせているかと思えば、顔を揺らしながらピアノと対話し、全身をセンサーにして全力疾走で演奏する。通称、音楽アスリート。寄せては返す音の波にいつしか客席も大きくうねっているのだった。

上原のライブを世界中で六〇回近く見ている音楽ライターの神舘和典は、「素晴らしくなかったことが一度もない」と言う。「同じ曲でもその場に合わせて即興でアレンジし、毎回違う景色を見せてくれる」。

「彼女は日本のジャズの歴史を変えましたね」と言うのはジャズ評論家の杉田宏樹だ。杉田はその理由を三つあげる。「まず豊かなアイデアと独創性をあのスピードで同時に展開できるのは世界のトップクラスだけであり、彼女はそこに入る。一九二〇〜三〇年代のスイング・ジャズをベースに誰も出せない現代的な音を作り、ロック、Jポップのファンまで取り込んだ。そしてデビュー以来、アメリカのジャズの名門レーベル『テラーク』からアルバムを出しているのも大きい」。

彼女には世界中から公演のオファーが絶えない。バンドを率いたりソロだったり、欧米の大都市を中心に北は北極に近いノルウェーのバーツェから南はアフリカ大陸最南端のケープタウン、東は日本を起点にアジア諸国を巡り、年平均一〇〇日一〇〇都市一五〇回のライブをこなす。

そろそろ当人にマイクを向けてみよう。

——音楽の神様とはうまくいってます?

「これが最初で最後の公演だと思って毎回毎曲全力で臨むんですが、年に数回ですね、神様が微笑んでくれるのは」。

——言葉や文化が違ってもその神様は同じですか。

「同じです」。

今年の春、上原は西アジア北端の小国グルジアの首都トビリシを初めて訪れ、ソロ公演のために二四時間だけ滞在している。山のような報道陣に囲まれたり、いきなり大統領夫人が会場に現れたり、驚きの連続だったらしい。二年前にロシアと紛争があったことは知っていたが、外国の音楽家がめったに訪ねて来ない国なので日本から演奏しに来るというだけで「事件」だったことは後で知った。

撮影＝馬場磨貴

公演は大成功だった。「プレイス・トゥ・ビー」を弾き始めると嗚咽する観客もいた。最後は客席総立ちとなり、そこへナイフを帯び民族衣装に身を固めた一〇人の男たちが登場。びっくりしてソデに引っ込もうとすると、楽屋で仲良しになっていたおばさんに「あなたを歓迎するための聖歌隊なんだからそこにいなさい」とたしなめられ、すごすごと戻る一幕も。泣いていた観客はそれを見て大笑い。聖歌隊に合わせて会場中が遠来の若いピアニストのためにめでたい長寿の唄を歌ってくれた。そして到着からぴったり二四時間後の午前四時の便でグルジアを発ったのである。

「まるで『ウルルン滞在記』ですよ」。上原は笑う。「涙々の別れ。おばさんたちも私も号泣しました。たった二四時間で全く知らなかった人たちとここまで離れがたい気持ちになろうとは。これまでの私の人生でもっとも濃い二四時間でした」。

上原は異郷から来訪する「まれびと」なのではないか、とぼくは思う。それも二一世紀だから可能な地球レベルの。ツアー中の彼女の手荷物には今世紀の最新技術と彼女の「思想」がコンパクトに詰まっている。愛用のシンセサイザー、赤い「ノード・リード」にMac、iPod、デジカメ。年に一日限定の「まれびと」であるサンタクロースと違い、一年の大半をツアーで過ごす上原には、時空を超えて情報交換できるデジタル機器が欠かせない。

それらと肩を並べて狭い場所を占有しているのがなんとアナログな、数種の温泉の素とお守《まも》りである。演奏が良かったときに旅先のホテルで封を切る「登別カルルス」の白湯は格別らしい。

そして交通と旅行の安全祈願に明治神宮の招福お守りを含む約一〇コのお守り。飛行機が大の苦手の彼女は、それくらい御利益が束にならないと飛行機が安全な乗り物だと思い込めないのだ。

上原には自前の「思い込み理論」というのがある。その理論によれば、セルゲイ・ブブカが棒高跳びの世界記録を更新し続けることができたのも彼の思い込み力のおかげということになる。「あの高さをジャンプできると思い込むまでにはずいぶん時間がかかったと思うんですよ」と上原。「でも跳んだ瞬間、迷いがないから跳べるんですね。思い込みって人間のすごい才能だと思う。思い込みから発明も創造も生まれる」。

実際彼女の生活のかなりの部分は思い込みで構成されているし、お守りはそのためのツールの一つと言ってもいい。音楽活動も例外ではない。ただし音楽のお守りはない。音楽だけは毎回毎曲全力で挑戦する自力の世界なのだ。

これまでの三一年間に上原も自分の思い込みを育てては何度かジャンプを決めている。小・中学校時代に浜松の同じ音楽教室で学び、映画『オリヲン座からの招待状』(二〇〇七年)の仕事で一一年ぶりに再会した作曲家の村松崇継《むらまつたかつぐ》は、少女時代の上原をこう振り返る。

「気が強くて女の子と思ったことはなかった。ぼくとは反対に演奏会でも緊張しないし、『なんで演奏を楽しまないの?』とよく言われました。小学生のころからジャズを書いたり即興演奏をしたり。彼女を否定する先生もいたけど、めげるどころか意地と根性で不可能なことも可能にしていた。だから再会したとき彼女はすでに世界的なミュージシャンになっていたんですが、そういう姿を見てもぼくは全然驚かなかった」。

子どものころから彼女はバーの高さを自分で設定し、それを超える強靭なジャンプ用のバネを持っていたのである。ジャズの虜になったのは八歳のときオスカー・ピーターソンのレコードを聴いて以来というから年季が入っている。

一七歳の上原を知っているのが小沼だ。彼女の演奏が来日中のチック・コリアの目に留まり、二人が共演したとき、チックのピアノ調律をしていたのが彼だった。「天才少女扱いされていてそのうち潰れるだろうと思っていた」と小沼は言う。「ところが後年デビューアルバムがヒットして彼女の調律をやるようになったんですね。不思議な縁です。内面的にも成長して、それが彼女の音楽にも出ていた」。

目立って大きなジャンプといえば、やはりバークリー音楽院に留学したときだろう。しかし子細に見るとアルバイトをしながら英会話を学び、渡米して下見したり奨学金制度を活用したりと、ここにも地道な「助走」期間があったことがわかる。

「すごく頭のいい人です」。村松は言う。「日本の音大に行ったら潰されるからあえて普通の大学に行き、途中からバークリー留学でしょ。自分をよく知っている」。

「彼女は人生をすべて逆算している」というのは上原が信頼を置く編集者の舘野《たての》晴彦《はるひこ》だ。「いいピアノを弾くというのが彼女の到達点であり、すべてなんですね。だから英語の勉強もピアノを少しでも長く弾くために駅とアパートの途中にある企業の私設英会話教室に飛び込みで入れてもらったというんだから。笑っちゃいますよ。でもいかにも彼女らしい」。

ボストンにあるバークリーへの留学が九九年。そこでまず彼女は「音楽をやっている人は星の数ほどいること」を学び、音楽で何を伝えたいのかを摑《つか》むためにライブ活動に没頭した。リピーターが少しずつ増え、少しずつ着実にミュージシャンとしての「思い込み」を育てていったのだろう。彼女の才能を高く評価するバークリーのリチャード・エヴァンス教授の推薦でジャズピアニスト界の大物、アーマッド・ジャマルを知り、彼の口利きで二〇〇三年に「テラーク」と契約。トントン拍子でプロデビューを果たしたのだった。

「この時代にアーティストが成功するには二つのことが要求される」とジャマルは言う。「華やかさと個性だ。デビュー当時からヒロミはその両方を兼ね備えていた。同時に心に響く音楽を演奏するには正しい魂を持ってないとダメなんだが、ヒロミはそれも持っている」。

「女性・東洋人・歌わない」という「ジャズ界の三重苦」すべてに当てはまりながら契約に至ったのは極めて希有《けう》なケースである。その後アルバムを次々にリリース。その都度聴いてきた神舘はこう語る。「毎回新しい世界観を全部出して勝負している。どんなミュージシャンも二、三枚で行き詰まるものなんですが、彼女にはそれがない。六枚出したアルバムがすべてファーストアルバムのように新鮮でした」。ジャンプ、ジャンプである。

上原は独特の時間・運動感覚の持ち主だ。最近の認知神経科学によると、人が何かしようと意図するより身体は〇・三五秒早く反応しているらしい。無意識は意識に先行する、つまり考えて動いていたらもう遅い。これはアスリートにも音楽家にも変わらぬ真理である。とくに一瞬一瞬が決断の連続である即興演奏の場合、いちいち遠い脳にお伺いを立てていたら即興にカビが生えてしまうだろう。

上原のピアノを聴いて泣く人は多い。彼女の速弾きによって硬直した時間がホイップされ、世界が初々しさを取り戻すのだ。世界を肯定する甘さと言ってもいい。忘れていたその甘さに不意をつかれて人々は嗚咽するのではないか。

彼女の音楽には映画を思わせるところがある。映像的な曲作りをしているということもあるのだが、一秒に二四コマという映画のコマ数を音で落として見せたり、逆に増やしてスローモーションで見せたり。「プレイス・トゥ・ビー」や「デジャヴ」はそのコマ数が緩急自在で美しい。

――音楽の神様が微笑むときってどんな感じですか。

「自分で弾くというより音楽に連れて行かれる感じかな。いい演奏ができたときは客席と一体化している自分を冷静に見ているもう一人の自分がいます。それからコメカミが痛いぐらい疲れます」。

一〇〇分の一秒単位で展開される意識と無意識の時差、せめぎ合い、綱渡り。集中が高まるほど、神経系統は極限まで酷使されているはずである。もう一人の自分というのは自分の姿を客観的に見ている離れた目であり、芸能のツボでもある。いよいよ本格的な「まれびと」になってきたということなのだろう。「演奏中に何が起こっているのか」と尋ねると、彼女は「細胞」という言葉を何度か口にした。

「まず細胞ありきなんです、私。ステージに出た瞬間から私の全細胞がワーッとフル稼働してお客さんの細胞と同期するんですよ。そのいろんな人たちのエネルギーが私に付着して一体化し、もののけ的に出現するのが私のステージです」。

細胞レベルで客席と交流・一体化しているのが、ピアノを弾いているときの上原ひろみなのだった。そうやって彼女の細胞は「一〇〇倍のオーラ」を発していたのである。フル稼働した全身の細胞を癒すには、やはり名湯浴しかあるまい。温泉の素は旅の必需品なのだった。

評論家の杉田は「スイング・ジャズが上原の音楽のベースにある」と語っていたが、ジャズが生まれた二〇〜三〇年代はフォード社が大量生産オートメーション化のリズムに乗り、アメリカが自分のリズムを摑んだと思い込めた時代だ。ディズニーを始めとするサイレントからトーキーに至るアニメ作品やハリウッド映画もカタカタカタとフォード式にシンクロし、ジャズもまだ難しい顔をしていなかった。上原の「アイ・ガッタ・リズム」や「トム&ジェリー・ショウ」はユーモラスで、彼女の超絶技巧がいかんなく発揮されている。

そういう意味では去年（二〇〇九年）は象徴的な年だった。GMが破綻し、アメリカの二〇世紀のリズムセクションを担ってきたビッグ3の末期が浮き彫りになったのである。そんなアメリカがリズムを喪失した時代に、こわばった時間をホイップしながら元気に登場したのが一六〇センチ足らずの日本人女性ピアニスト・上原ひろみだった。

グルジア公演の後、彼女はデトロイトの美術館でもソロ演奏している。最初は顔色一つ変えずに聴いていたスケッチブックを持って居合わせた中高年の市民たちが最後は嗚咽の声を上げていたらしい。自動車産業のメッカだったデトロイトの市民たちは上原のピアノを聴いて改めて自分たちが失ったものを思い知ったのではないか。

いろんな時間を重層的に体験している人である。時間を旅していると言ってもいい。そんな彼女に「一番静かな時間はどんなときか」と尋ねると、こんな答えが返ってきた。

「終演後のライブ会場です。『あれ、さっきここで私は感情をすべて放出してお客さんと一体になってたんじゃなかったっけ』と誰かに確認したいようなガランとした静けさ。魔法から覚めた、一二時を回ったシンデレラ状態というか。でも嫌いじゃない時間です」。

その一二時過ぎのシンデレラをしょっちゅう目撃しているのが小沼だ。彼の目にそんなときの上原はどう映っているのか聞くと、「ボケーッとしてますよ。演奏が終わったとたん、もうただの浜松の姉ちゃんです」。一〇〇倍だったオーラの光量はアッという間に元に戻っているのだった。

ライブは魔法の時間だ。上原自身、魔法をかける側とかかる側の瀬戸際にいる。そのきわどさが彼女のステージの魅力でもあるのだが、戻ってくる普通の時間がどこかに用意されていなくてはならない。それが彼女の「煮卵」だったのだろう。

——今日の晩ご飯は?

ニコッと笑ってピアニストが答えた。「肉豆腐です」。

うえはら・ひろみ

1979年　静岡県浜松市生まれ。銀行員の父と専業主婦の母、6歳上の兄の間で育つ。父方の祖父母は茶園農家。6歳からピアノを習う。8歳のときオスカー・ピーターソンを聴き、ジャズの虜になる。高校時代のあだ名は「人間ジュークボックス」。17歳のとき、チック・コリアと共演。

1999年　法政大学法学部を2年で中退し、ボストンのバークリー音楽院に留学。

2003年　バークリー在学中にジャズの名門テラーク・レーベルと契約。アルバム『アナザー・マインド』で世界デビューし、欧米でのライブ活動を開始。TBS系『情熱大陸』に出演。バークリー音楽院の作・編曲科を首席で卒業。

2004年　アルバム『ブレイン』をリリース。オスカー・ピーターソン日本公演のオープニングアクトを務める。

2005年　活動の拠点をボストンからニューヨークに移す。この年からニューヨーク『ブルーノート』で1週間の公演を開催。現在に至っている。アルバム『スパイラル』をリリース。

2006年　ドリームズ・カム・トゥルーとのライブ共演、矢野顕子のアルバムへのレコーディング参加や共演など。

2007年　ヒロミズ・ソニックブルームを結成し、アルバム『タイム・コントロール』をリリース。全米・ヨーロッパ・中東各国でのツアーを行う。5度目となる日本ツアーも大成功。デザイナーの三原康裕と結婚。

2008年　チック・コリアとのブルーノート東京でのライブを収めたアルバム『デュエット』をリリース。4月には日本武道館にてチックとのピアノデュオ公演を成功させる。アルバム『ビヨンド・スタンダード』をリリース。北欧からアフリカまで世界中をツアーし、成功を収める。

2009年　スタンリー・クラーク、レニー・ホワイトとの初のストレート・アヘッド作品『ジャズ・イン・ザ・ガーデン』を発売。9月には初のソロピアノ作品『プレイス・トゥ・ビー』を発売。年末には2年ぶりの全国ツアーや新日本フィルハーモニー交響楽団との一夜かぎりの特別公演を行う。

2010年　6月、スタンリー・クラーク・プロジェクト第2弾となる『スタンリー・クラーク・バンド フィーチャリング上原ひろみ』をリリース。11月26日からスタンリー・クラーク・トリオとしての日本ツアー、12月にはソロピアノ日本ツアー、オーケストラ公演も予定されている。

中村喜春［芸者］

ア・ウーマン・ウィズ・アート

1997年7月14日号『アエラ』

むかしむかし浦島太郎は、竜宮城に三年のあいだ滞留した。ところが、里ごころがついて帰郷してみると、こちらの世界では七百年が経っていて、すでに両親も親戚も知った顔はどこにもなく、呆然《ぼうぜん》とした浦島はけっしてあけるなといわれていた玉手箱の蓋をあけてしまう。すると、なかから白いケムリが三すじ上り、浦島の髪もヒゲもまっ白になり、みるみるひとりの老人になっていた……。

「あたしは、イマ浦島なのよ」。

中村喜春《なかむらきはる》はいう。なるほど、浦島太郎と彼女とのあいだには共通するところは多い。

一九五六年三月六日に、喜春はノースウエスト・オリエント航空の四発複葉プロペラ機、DC7に乗り、アメリカに渡っている。ニューヨークで開かれる国際見本市で日本の人形づくりを実演するための訪米だった。が、それはあくまでも表向きの理由で、一二歳年下のカメラマンとの再婚が母親にも祖母にも、まわりのだれにも祝福されず、それどころか親切ごかしのお節介や毎日の嫌がらせにほとほと疲れ果てた彼女は、逃げるようにして飛行機に飛び乗っていた。

当初は一カ月ほどの滞在予定だった。ところがその後も日本に帰らず、自分でも思ってもいなかったことらしいのだが、彼女はそのまま「異郷」アメリカに居着いてしまう。そして、半生記『江戸っ子芸者一代記』を書いたのがきっかけで三〇年ぶりに帰郷してみると、そこにはまったく別のふるさとが待ち受けていたのだ。

いくら経済企画庁が「もはや戦後ではない」と宣言しても、一九五六年にはまだまだ戦後色がいたるところに色濃くのこっていたし、その直後にはじまる日本経済の高度成長の右肩上がりの折れ線グラフも、その時点ではまだ線になる前の最初の点でしかなかった。長嶋茂雄《ながしましげお》もまだプロデビューしていない、東京タワーもない、東京の日本橋の上や土橋にもまだ高速道路の高架はかかっていなかった。

ところが、それから三〇年後の八〇年代半ばというのは、日本の消費経済がほぼピークに達したころであり、折れ線のいたるところにアワが付着しはじめていたころだったから、五六年から三〇年ほど日本を留守にし、八〇年代半ばの日本に突然帰ってきたら、たしかに浦島の時代の七百年より、その不連続感ははなはだしかったにちがいない。中村喜春というひとは、いわゆる五五年体制下での日本での生活をすっぽり抜いた、じつに希有《けう》な日本人なのである。

「いちばん変わった点? それはだれも自分のことしか考えていないってことよ。ほんとに絶望的ね。少し長生きしすぎた。日本にいると、とにかく毎日怒ってばかり。でもあたしが怒らなくなったら、それは死ぬときよ」と彼女は言い切る。

彼女と浦島太郎の共通点をもうひとつあげるとすれば、それは二人とも「不老の地」を知っているということかもしれない。浦島のばあい、その地はもちろん竜宮城ということになるが、喜春のばあい、それはアメリカという国だ。というのも長唄《ながうた》や小唄《こうた》を現地の日本人やアメリカ人に教えたり、『マダム・バタフライ』などのオペラのコンサルタントをしているかと思うと、クイーンズのアパートに居候の若い留学生たちをいつも泊めたりしている彼女の年齢を、アメリカではほとんどのひとが勝手に、二五歳ほど若く見積もってしまうらしいのだ。本人にしてみれば、それをわざわざ訂正する必要もないから、いまもって彼女はかの地では五〇歳代の女性として十分に通っている。

「サギみたいなものよね」といって、彼女はまわりを笑わせる。

ところが日本に帰ってくると、取材のたんびに年齢の確認からはじまり、当年とって八五歳と、広く申告しなくてはならない。つまり玉手箱をあけずとも、日本に帰ってくるだけで自動的に、彼女は二五歳老けこんでしまう仕掛けになっているのである。

「あのまま日本にいたら、当たり前の、ごくふつうの八五歳のおばあちゃんになってたと思うわ」という喜春は、五〇代というのはともかく、たしかにどこから見ても八五歳のおばあちゃんには見えない。じっさい講演のあとや老人ホームの慰問中などに、サインをもとめる相手の年齢を知り、「あーら、あたしより一五歳も若いじゃないの、がんばって」と、かなりヨボヨボの老人にたいして彼女が声援を送っているところを、ぼくは何度も目撃している。

しかし、それほど元気だからまったくの健康体なのかというと、そうでもない。今回の来日直前には緑内障を患い、いまも左目は見えないままだ。七、八年前に直腸ガンの手術を受けたあと路上で骨折した大腿部《だいたいぶ》もいまだに痛む。

「でも、人前では絶対、疲れたところを見せないんだよね」というのは、喜春と二〇年来の友人で、つい最近『中村喜春&小唄メッセンジャーズ』というCDを出したばかりの、ジャズ・ミュージシャンの井上信平《いのうえしんぺい》だ。「強い、強い。あの強さがあるから、八五歳までずっと彼女は現役でやってこれてるんですよ」。

そう、中村喜春というひとは年齢云々《うんぬん》よりまえに、まず、現役のひとなのである。「あたしは新橋芸者アカデミーの卒業生よ」とはユーモアまじりに喜春が好んで使う「学歴」らしいのだが、いまもって彼女は現役の新橋芸者なのだった。

一六歳で新橋の芸者になった喜春は、座敷をつとめながら英会話を習得し、その後じつに多くの才能豊かな客や仲間たちと歌舞音曲にいろどられた時を共有している。『一代記』に記載されている名前を思いつくままピックアップするだけでも、シャリアピン、東郷青児《とうごうせいじ》、ジャン・コクトー、近衛《このえ》秀麿《ひでまろ》、菊池《きくち》寛《かん》、丹羽《にわ》文雄《ふみお》、チャプリン、古川《ふるかわ》ロッパ、六代目菊五郎《きくごろう》、ベーブ・ルース、大佛次郎《おさらぎじろう》、西条八十《さいじょうやそ》、市川段四郎《いちかわだんしろう》、千田是也《せんだこれや》、石川達三《いしかわたつぞう》、宝井馬琴《たからいばきん》、柳家三亀松《やなぎやみきまつ》……と、いまとなっては信じられないほどの「講師陣」に恵まれている。

たとえば一九三六年（昭和一一年）に、世界一周旅行中に日本に立ち寄ったコクトーが東京滞在中、ほとんど連日連夜、「金田中《かねたなか》」「とんぼ」「新喜楽《しんきらく》」などの料亭で逢っていたのが喜春だった。英語の勉強はしていてもフランス語は知らない喜春と、英語は片言しかしゃべれないコクトー。そのあいだにフランス文学の堀口大学《ほりぐちだいがく》をおいて会話を試みる喜春のことをコクトーは気に入り、「ハッピー・スプリング」と呼んで贔屓《ひいき》にしていた。

その短い東京滞在中に詩人は、六代目菊五郎の『鏡獅子《かがみじし》』を観劇している。のちに彼は、このとき観《み》た舞台をヒントに『美女と野獣』を書き上げるのだが、『鏡獅子』といえば『道成寺《どうじょうじ》』とならぶ長唄を伴奏にした人気舞踊劇だから、当然、長唄の三味線を専門にやっていた喜春にとっても馴《な》染《じ》みのふかい曲だったはずだし、コクトーと喜春のあいだでは『鏡獅子』にまつわる、素朴ではあってもインスピレーションに富んだいくつかの問答がかわされたとしてもおかしくない。

「東洋のルネッサンスは、新橋からおこるんだわ」。

そのころの喜春たちはごく自然にそう信じていた。こんな刺激に満ちた「アカデミー」が、当時ほかのどこにあっただろうか。大正から昭和にかけての、戦争前の新橋というところは、まさにそういう夢とうつつが神妙なバランスで交叉《こうさ》する竜宮城だったのである。

おそらく旅の途上で立ち寄った詩人の目にも、新橋というところは（パリにも新橋と同意のポン・ヌフという、セーヌ川にかかる築四〇〇年の橋がある)、竜宮城として映っていたはずである。フランスに戻った詩人は、彼なりに玉手箱をひらき、一本の『美女と野獣』をものにしたのだった。

浦島太郎もそうだが、ふつう竜宮城からひとたび外に出たものは二度とそこに戻ることはできない。ふたたび訪れることが不可能だからこそ理想郷なのだともいえる。しかし中村喜春というひとはひとつではなく、まったく時も場所もちがう二つの竜宮を身をもって体験したひとである。そのひとつはいま述べた、大正ロマンのかおりのする戦争前の新橋であり、もうひとつが、ほかでもない五〇年代のニューヨークだった。

『マイ・フェア・レディ』『ウエストサイド物語』といったミュージカル大作が目白押しに初演され、テクニカラーの映画が続々と公開されるかと思えば、科学畑がそうであったように、戦禍を逃れてきたアーティストたちによって現代アート界もオペラ界もバレエ界も充実し、プレスリーが、カメラで下半身は映さないという条件のもとに『エド・サリバン・ショー』にも出演!という、はちきれんばかりのアメリカの時代である。

当時のアメリカは、喜春のように、自分だけの竜宮の記憶をだいて渡米してきたひとたちで溢《あふ》れていた。たとえばカフェ文化華やかなりしころのウィーンやブダペストの記憶とともに渡ってきたひとたち、あるいは戦間のワイマール期の思い出を抱いてドイツからやってきたひとたち……。芝居仕立てにいえば、いずれも『勧進帳《かんじんちょう》』(これも長唄を伴奏にした舞踊劇)のように、それぞれの安宅《あたか》の関を越えてアメリカに渡ってきているのだが、そういえばブロードウェーで五九年に初演されたのが、『サウンド・オブ・ミュージック』というアルプス越えのミュージカルだった。

「ニューヨークが最高のときだったわ」。喜春はいう。「でもニューヨークも変わった。日本も変わった。あたしの悲劇はいちばんよかった東京と、いちばんよかったニューヨークを知っているってことなのよ」と、ここで彼女は悲劇という言葉を使う。

悲劇？　彼女の口からこの言葉をきくと、つい、心中立てした相手と添いとげられずに、ひとり生き延びてしまった者の悲哀のようなものを思い浮かべてしまうのだけれど、たしかに理想の時代と理想の男というのはどこか似たところがあるのかもしれない。そういう意味では、白いケムリを浴びて時間のギャップを一瞬のうちに埋めた浦島は、かろうじて悲劇から免れているといえなくもない。

しかしそれでも三〇年ぶりに帰郷した喜春には、むかしながらの友だちがまだまだ健在だった。とくに新橋の芸者時代からの仲良しだという小豊《ことよ》と万栄《まんえ》とは、帰国のたびに電話で連絡を取り合い、三人で築地にある小さい洋食屋に出かけては四方山《よもやま》話に花を咲かせるのが決まりのようになっていた。

ここ数年来、毎年、講演や新しい本の上梓《じょうし》のために帰国している彼女は、去年帰国したときもいつものように、三人で洋食食べようよ、と小豊に誘いの電話をかけている。

「だめだよ」と小豊。

「どうして？」。

「万栄、死んじゃった」。

「じゃあ、幽霊でいいから連れといで」。

とぼけていうと、そのとぼけには乗らずに小豊は、万栄が胆石の手術でほんとうに死んだことを事細かに説明した。胆石の手術で死ぬなんてきいたことないし、なにかの間違いじゃないのと繰り返しきいても、万栄が死んだという事実は変わらなかった。

「がっかりよ、大親友が死んじゃって」。喜春がいう。「あたしぐらいの歳《とし》がいちばん死にごろなのかしらね。まり千代姐《ねえ》さんが死に、『花蝶《かちょう》』の女将《おかみ》さんが死に、市丸《いちまる》姐さんが死んだ。いやになっちゃう」。

——喜春姐さん、どうするの、お墓は？

国立大学の教授をやっている一人息子が日本にいるときいていたので、そのあたりのことも気になってきいてみた。

「墓はいらない。通夜もやってくれるなって友人にいってあるの。モーローとしてきたなって自覚したときに、生きてるうちに、ニューヨークと日本で一回ずつ、『喜春を偲《しの》ぶ夕べ』っていうのをやるの。これで、あたしはお仕舞いよってね（笑い）。金はとらないよ。そんなことしたら江戸っ子じゃないから」。

彼女には生きているあいだにやっておきたいことが、ひとつある。小規模でもいいから日系一世、二世のための老人ホームをニューヨークにつくりたいのだ。

「ニューヨークにある老人ホームに行くと、一人か二人かならず日系人がいるんだけど、何十年アメリカに住んでても、やっぱり冷や麦もってくと喜ぶのよ。でもボランティアのひとがいなかったら老人ホームの経営はむずかしいわね」。

——最近、日本でもボランティアのことがよく取り沙汰されてるよ。

「日本のボランティアは言ーばっかり。そういうのを関西では、うどん屋さんの釜《かま》やっていうのよ。湯ーばっかりでしょ（笑い）。ボランティアっていうのは特別なことでもなんでもないしないほうがおかしいの。なぜあたしがアメリカにいるかっていうとね、みんな自分の祖国を離れてきて、アメリカがよくて住み着いているひとばっかりでしょ。助け合わなかったら生きていけないのよ。でも余計なところには踏み込まない。そこがいちばん大切なところなのに日本人は踏み込んじゃ困るところにまで踏み込むのね、親切ごかして。それが困る」。

——ほっといてくれない。

「うん。花柳界のありがたさって、それがあったのよ。いい意味の個人主義。素人の奥様方が軽蔑なさってる花柳界ほどデモクラティックなところはないと、あたしは思うわ。それにしても日本の老人福祉は二〇年遅れてる。ところが、するに事欠いて、老人福祉をハンコひとつで食い物にするひとがいるし、殺してやりたい。だから、いってるの。もし、あの役人が殺されたら、殺したのはあたしだからねって」。

自分が入りたいと思うような老人ホームをつくりたいという経営方針からして、喜春が一目置いている渡邊元嗣《わたなべもとつぐ》（愛知県美浜町《みはまちょう》にある老人ホーム「瑞祥《ずいしょう》」経営者）は、彼女に会ったときの印象を次のように語ってくれた。

「八〇、九〇になると、ひとは生きているだけで精一杯です。それでも他人に迷惑をかけたくないと思えれば上の部類でしょう。ところが中村さんは、人間は歳をとるだけではしょうがない、いくつになってもどれだけ世の中に貢献できるかでそのひとの価値は決まるんだというようなことを、コーヒーを飲みながらおっしゃる。ただもんじゃないなと思いました」。

その渡邊に喜春は色紙に次のような言葉を添えて送っている。

「生涯現役」

そしてさらに、もう一枚。したためた文面が、

「柳はみどり　花はくれない」

その二枚の色紙は、はちまきをしたスローガンだけじゃダメなのよ、色気もなくちゃという、喜春の合わせ鏡のようにも思える。

最後にぼくは彼女に、「アメリカでは、芸者のことをどういうふうに説明してるの？」と尋ねてみた。

即答が返ってきた。

「ア・ウーマン・ウィズ・アート」。

なるほど。それをきいて性別のようなちがいはともかく、浦島太郎と中村喜春とのいちばんのちがいがわかったような気がした。浦島はウィズ・アートじゃなかったのだ。

なかむら・きはる

1913年　（大正2年）医者の家（現在の東京都中央区銀座7丁目）に生まれる。

1929年　小さいころから芸者になりたくて16歳のときに新橋の芸者になる。第一外国語専門学校に通い、「英語も話せる芸者」として名をはせ、各国の名士に贔屓にされる。

1940年　外交官と結婚し、夫とともにインドのカルカッタ（現コルカタ）にある総領事館に赴任。外交官夫人の飯田深雪などと親交を結びつつ、日本軍とチャンドラ・ボースの間の連絡係を頼まれ、きわどい仕事もこなしていく。太平洋戦争後はヒマラヤでの収容所体験。

1942年　竜田丸にて帰国。長男を出産するも離婚。座敷に呼ばれ、通訳をしたり芸者たちに英会話を教えながら、GHQと日本との間でお座敷外交をやってのける。

1956年　二度の離婚を経て、単身でニューヨークに渡る。以来、オペラコンサルタントや日本舞踊、三味線、長唄などを教えながら、日本文化の正しい姿を米国人に伝える。

1983年　半生を綴った『江戸っ子芸者一代記』を出版。ベストセラーとなり、8カ国語に翻訳された。

2004年　ニューヨークの家で逝去。その後、日本でも彼女を偲ぶ会が開かれた。

北野武［映画監督］

『アウトレイジ』にいたる「数学」的映画観

2010年6月18日号『週刊朝日』

新作映画『アウトレイジ』が八月一二日に公開される。この春、フランス政府からコマンドール章を受け、ますます「世界のキタノ」となる一方、お笑い芸人・ビートたけしの顔を持ち続ける。そんな北野の映画世界を、監督お得意の「数学」で解読しようとインタビューに及んだ。持ち時間は三〇分。さあ、どこまで突っ込めるか。

――コマンドール（フランス芸術文化勲章の最高章）の受章、おめでとうございます。

北野　いえいえ。

――フランスのポンピドーセンターで映画の回顧展、カルティエ現代美術財団で展覧会が開催される直前の叙勲でした。

北野　カルティエから話があったのは五年前かな。で、三年ぐらいかけて準備した。こないだ聞いたら美術館の入場者数が記録的な数字出したってすごい喜んでたらしいよ。

――アメリカはたけしさんのバラエティー番組『たけしのコマ大数学科』（フジテレビ）をノミネートしながら、エミー賞を与えなかった。後で悔やんだんじゃないですか。

北野　面白いのはね、あんときバラエティーでエミー賞とったイギリスのBBC放送が、『コマ大数学科』の企画を買ったの。でもオレのキャラクター（マス北野）をやれるタレントが見つからないんだって。ヤラセでいいじゃないといったら、いや、最低でも問題の意味がわかってなかったら番組にならないと。そら大変だよ、オレは大学の理工学部出てるんだからっつったの。

――いま、数学が面白い。

北野　うん。

――たけしさんの映画にも、ぼくは数学を感じますよ。『座頭市』（〇三年）では、たとえば大勢の敵と斬り合うとき立ち回りをカッコでくくって思いっきりはしょってみせたり。

北野　編集でわりかし因数分解みたいなことやってるから、オレ。

――あの映画は金髪とタップダンスとチャンバラというふれ込みだったけど、その連立方程式の解がどうしてもイメージできなかった。ところが実際に観ると見事に成立していました。

北野　座頭市＝勝新太郎《かつしんたろう》さんでしょ。座頭市といった瞬間、あの白目をむいた小太りの姿が目に浮かぶ。勝さんの座頭市には絶対勝てっこない。だから最初断ったんだけど、好きに撮っていいからと口説かれて、ああいう映画になった。

——あの連立方程式を成り立たせている空間はやっぱり浅草ですか。

北野　浅草といえば浅草だし、ヘタするとストリップ劇場、それもフランス座って感じがする。ステージがあって金髪のヌードダンサーがいてね。そこに持ち込んだからあの映画は見られたんで、勝さんの世界に入ってたらどうにもならなかった。

——そのフランス座でコントを書いていたのが、先ごろ亡くなられた井上《いのうえ》ひさしさんです。

北野　申し訳ないと思うよ、井上さんには。だって井上さんがいたころの浅草はあらゆることの発信地だったのに、当然あってしかるべき落語と漫才と大衆芸能の小屋がないんだもん。じつに間抜けな町になっちまった。時代遅れを追っかけてんだね。大勝館なんてボウリングブームが終わりかけたころボウリング場を建てていた。

——『菊次郎の夏』（九九年）にも浅草が登場します。ずっと菊次郎という名前は出てこなくて、最後に子供に名前を聞かれて「菊次郎だよ、バカヤロー」と、ようやく菊次郎＝菊次郎になる。半端だった菊次郎が一人の菊次郎になる。つまりあれは1の物語でもあった？

北野　うん。うだつの上がらない、どうしようもないヒモみたいなオヤジが子供と旅行して帰ってきたときにはじめて菊次郎になれた。

——『アキレスと亀』（〇八年）も1についての物語です。

北野　3分の1って0.333…と割り切れない。$\frac{1}{3}\times 3=1$なのに$0.333\cdots \times 3 = 0.999\cdots$になって

しまい、どこまでいっても1になれない。そんなパラドックスにはまってしまった芸術家の話。

――で、最後に1になる。1って何ですか。

北野　すごい難問だよね、1はなぜ1なのかって。2もそう。同じ人が2人いるのか、チョコレート1個にバナナ1本でも2なのかとか。そんなパラドックスから抜けられない芸術家が最後に缶カラ蹴飛ばして、これをとりあえず1にしようと思う。

――1になるんじゃなくて1にするんだ。じつはあの映画は芸術家と妻の2の物語でもあった。

北野　1を作るためには2が、2を作るには1が必要なんだよ。

――0は？

北野　0は考えないな、オレ。0の0乗は0だけど、1の0乗も2の0乗もあらゆる数の0乗は1だから、0は1として扱う。

――あ、マス北野の顔になった（笑）。数学は前提を考える学問だと思うのですが、お笑いってその前提をひっくり返すわけだから本来数学的です。

北野　前提を見せといて、それをちょっとひねって逆さまにしちゃうとか。

――「赤信号みんなで渡ればこわくない」ですね。A＝Aという数学の大前提が最後まで壊れたままの映画もありました。『監督・ばんざい！』（〇七年）です。あの監督は分身の人形といつもいっしょにいた。

北野　A＝A、なんだね。A、が人形で。

——文楽人形が出ていた『Dolls』(〇二年)。あの映画は数式で表すとどうなりますか。

北野　男と女をA＋Bとすれば、いくつかの男女の話をちりばめたから(A＋B)(A＋B)〝(A＋B)〟……かな。

——『3—4x10月』(一九九〇年)という数式みたいな題の映画もあった。

北野　あれは3対4で野球に勝ったというだけのことでね、それに10月公開予定だったからじゃないかな。まあ、理工系の荒っぽさで編集した、感情のない、バカな計算みたいなチンプンカンプンの映画。

——最後にトラックで突っ込んだあと、その主人公が野球場のトイレから出てくる。

北野　ほんとは突っ込んだあと女と南の島に逃げる話だったんだけど、ああいう結末にした。うん、あれ便所しかなかった。みんな怒ってたもん、便所で考えたネタかよって。でもカットカットは面白かったでしょ。

——あのハチャメチャがなかったら後の北野映画はなかったんじゃないですか。こないだ『コマ大数学科』で多面体を空間的に展開するプラトン立体をやってましたね。あれに似た形で多面体を時間的に開いたような映画が多い。

北野　けっこう意識的にそうしてるんだけど、評判が悪い。理解できないんだよ。やっぱり時間軸をずらさず、時間通りに進行する映画が一番心地いいんだね。

——『HANA-BI』(九八年)は心地よかったけどなあ。

北野　あれでもアメリカではよく分からなかったという人がいた。

――あの映画の中に「自決」って言葉が印象的に出てきました。たけしさんは三島由紀夫《みしまゆきお》の自決をどう体験しました？　フランス座に入る前の二十二、三歳のころだと思うけど。

北野　すごいショックだった。ちょうど新宿から市ケ谷の方にタクシーで向かってるときラジオから流れてきたんだよ、「市ケ谷の自衛隊に乗り込んだ作家の三島由紀夫が」って。

――何だったと思います、あれ？

北野　オレもボクシングやってたんだけど、あの人のボクシングとか剣道を見るとぎこちないんだよね、動きが。筋肉もボディービルで作ったリアリティーのない筋肉だし。かなり肉体的コンプレックスの強い人だと思った。格闘技やっても何してもうまくいかず、結局彼の肉体を制する方法って自分の肉体を殺すことだったんじゃないかな。

――「あんまり死ぬのこわがってるとな、死にたくなっちゃうんだよ」。『ソナチネ』（九三年）の中のセリフです。たけしさんにとって死って何ですか。

北野　オレはね、熱いサウナから上がることだと思う。上がると心地いい。逆にいえば心地よくなるためには少しでも長くサウナにいるべきだっていうか。ヘタすると、死ぬために生きてんじゃないかと思うことあるもん。

――その死っていわゆるゼロじゃないんですね。

北野　ま、どっかに行くんだろうな。何かに転換するというか。

——最近どうですか、北野監督と分身の人形A´の関係は。

北野　かなり人形と自分が近くなってきた。映画はまだ客観的に見られるけど、もう自分自身にはそんなに客観的じゃないもん。寿命だな、これ。リタイアするかくたばるか、そんなに長くないと思うよ。

——新作の『アウトレイジ』は群像劇であり、世代交代劇です。

北野　結局は死ぬことが世代交代。死なないことには人間は進化しない。

——暴力シーンが強烈でした。あっけにとられっぱなしというか。とくに後半で見られる幹部の殺され方は見事でした。

北野　あれは一番考えた。一番暴力的なやつは、一番悲惨な死に方をしないと解決がつかないと思っているからね。暴力映画なので暴力シーンを楽しんでもらうために、ただ殴る、撃つ、刺すじゃなく、違うやり方はないかとすごい意識して撮った。

——映画観ながら、あ、これはたけしさんの数理的な歴史モデルなんだろうなと思った。

北野　いまの政治とそっくりでしょ。親分子分の関係もそうだし、国民のため、命をかけて、ときれいごとばっかり言っときながら、やってんのは全部国民を裏切ってるところも同じ。

——たしかに。それからこの歴史モデル使って、たとえば大化改新を撮っても面白いだろうなと思った。美談で済まされているけど、あれも首が飛ぶ超ハードな残酷劇ですからね。

北野　うん。

——数式でいえばどんな感じになりますか、『アウトレイジ』は。

北野　1＋2＋3と整数でやれば分かりやすいんだけど、わざと途中を整数にしないで0.5とか$\frac{1}{3}$にしてね、それを掛けたり割ったりして結果的につじつま合わせたっていうか。だから答えは整数になってたと思うよ。

——ええ、きっちり筋が通ってました（笑い）。

きたの・たけし

日本を代表するコメディアン、タレントであり、映画監督でもある。

1947年　東京都生まれ。

1989年　『その男、凶暴につき』で監督デビュー。

1993年　『ソナチネ』。

1996年　『キッズ・リターン』。

1998年　『HANA-BI』。ヴェネチア国際映画祭金獅子賞受賞。

1999年　『菊次郎の夏』。カンヌ国際映画祭コンペティション部門に正式参加し、約5分間のスタンディングオベーションを受ける。

2003年　『座頭市』。ヴェネチア国際映画祭銀獅子賞受賞。

2004年　除籍になっていた明治大学から特別卒業認定証を受け、同大学工学部（現・理工学部）機械工学科卒業。

2007年　『監督・ばんざい！』。

2008年　『アキレスと亀』。

2010年　フランス芸術文化勲章・コマンドール章受章。『アウトレイジ』公開。

キャンディーズ［アイドル］

伝説のカーニバルで獲得した「神聖」

2011年9月5日号『アエラ』

アイドルは死のニオイがする。田中好子《たなかよしこ》が死んだからか。いや以前から漠然とそう感じていたような気がする。アイドルとは何なのか。

「その名の通り偶像なんだと思う」。AKB48の総合プロデューサー・秋元康はそう言う。「ある人にとっては疑似恋愛だったり、ステキなお姉さんや妹だったり、目標だったり。それぞれの思いが集まってホワ〜ンとした像ができる。結局ファンが作るんですね、アイドルって。その原型がキャンディーズで、おニャン子クラブもAKB48もその延長線上にある」。

一九七〇年代は日本で紙テープがもっとも消費された一〇年ではなかろうか。とくに七八年四月四日は一〇〇万本単位のテープが一夜にして消尽された。圧巻だったのは三人の女の子が「哀愁のシンフォニー」を歌い出したときだ。地響きのようなコールと歓声がヒタッと止み、♪こっちを向いて〜のタイミングで五万本のテープがいっせいに三人に向かって投げられ、後楽園球場に赤青黄三色のテープの傘ができた。日本歌謡界史上最大のショーと呼ばれたキャンディーズの「ファイナルカーニバル」である。入場者数五万五〇〇〇人。

四時間半歌い続けたラン（伊藤蘭）・スー（田中好子）・ミキ（藤村美樹）の三人は五一曲目の「つばさ」を最後に「本当に、私たちは幸せでした」の言葉を残し、手を振りながらセリから消えていった。慟哭する者。茫然と立ちつくす者。しかしアンコールはなかった。祭りの後にはトラック二七〇杯の紙テープが散乱していたという。ファンたちが後楽園球場の夜空に描いた偶像の総量だ。

鴻上尚史（演劇人・五八年生まれ）「あれほどいっしょに遊んでくれるアイドルはいなかった。ファイナルを見てランちゃんからスーちゃんファンになった。彼女が一番声援に応えていて誠実な感じがした。四、五千円のチケットをダフ屋から二万円で買ったんだけど、高くはなかった」。

森永卓郎（経済評論家・五七年）「私はラン派。あのシナの作り方に参った。『みごろ！たべごろ！笑いごろ!!』で一人が『週刊明星』って言って次の子が『週刊平凡』と言い、三人で『週刊プレイボーイ、うふっ』ってやるのがスゲー好きで。シンプルでユニゾンがきれいな歌が大好きだった。『つばさ』以外、全曲歌えますよ。テレビでファイナルを見て、ああ、青春は終わったなーと思った」。

石破茂（政治家・五七年）「高二のときミキちゃんに一目惚れでした。清楚で控え目、でも芯は強そう。慶応高校といってもぼくらみたいな地方出身組は有名女子校の女の子たちと遊ぶという話にはならなかったので、アイドルたちが仮想の女友達だった。キャンディーズはあの身近感が良かった。ピーク時は大体私の大学時代と一致しています。ライブには行きませんよ、恥ずかしくて」。

——彼女たちが解散するまで童貞？

石波「でしたね、間違いなく。妄想と憧れと情熱が渾然となって私の青春そのものだった」。

七二年だろうか。当時渡辺音楽出版にいた松崎澄夫がたまたま東京音楽学院に行ったとき授業に遅れて入ってきた二人の女の子がいた。ランとミキだ。二人はまったく悪びれずに最前列の席に陣取った。その様子がなんとも明るくて可愛かったので関係者に尋ねると、「キャンディーズという三人組で『歌謡グランドショー』のアシスタントをやっている」。レコードは？「まだ」。すぐ松崎は渡辺プロに行き、レコードデビューをやらせてほしいと志願した。三人と「三年頑張ってキャンディーズを作り上げよう」と約束してデビュー曲「あなたに夢中」を発表したのが七三年。その後も解散する七八年まで音楽プロデューサーとしてキャンディーズすべての楽曲制作に立ち会っている。

三人同時に歌詞を読ませ、一人ズレたら何度でもやり直させた。呼吸が揃わないことにはきれいなユニゾンにならないのだ。その一方でロックバンド「アウト・キャスト」時代の仲間だった穂口雄右、水谷公生を作曲や編曲、演奏で起用し、自分たちのサウンド作りを目指した。

最初の二年は鳴かず飛ばず。ある日、マネージャーの篠崎重に「ライブでランが異常に人気があるので彼女をメインにした曲がほしい」と言われ、穂口に「とにかく一番シンプルな曲を書いてくれ」と注文し、何十曲と試行錯誤した後、ギリギリまでシンプルさにこだわって出来上がったのが「年下の男の子」（七五年）だった。渋谷パルコ前を歩いていたら若い男が乗ったオープンカーから♪あいつはあいつは可愛いい～と流れてきた。これは当たるぞと松崎は思った。当たった。

島田裕巳（宗教学者・五三年）「七二年に連合赤軍事件。その後も大学では血腥《ちなまぐさ》い内ゲバが続いていた。そんなころですよ、キャンディーズが出てきたのは。男の意識がガラッと変わった」。

泉麻人（コラムニスト・五六年）「学園紛争後の大学サークル文化の学生をターゲットにしていたと思う。前の世代から見たら『遅れてきた世代』だけど、後に続く遊び世代という意味では先駆的な世代です。女性優位なんですね。キャンディーズにはヤワで内気な男の子を歌った曲が多い」。

太田省一（社会学者・六〇年）「スターと違い、アイドルは未熟・未完成な存在でファンが発見する。クラスで一番じゃない子を好きになる感じですよ。作り手の思惑を超えたところでファンの側がアイドルの魅力を発見し始めたのが七〇年代です」。

「年下の男の子」以降センターはそれまでのスーからランの定位置になり、マネージャーが大里洋吉に代わってライブ重視のグループになっていく。バンド「ＭＭＰ」との濃厚なステージが熱狂的なファンを全国に増やしていった。各地で自発的に形成された後援組織「全キャン連」ができたのもこのころだ。

石黒謙吾（著述家・六一年）「アルバイトしながら二年間で一〇〇回以上のステージを見ました。投げたテープが一万本。ランに恋愛感情に近い想いを抱いてたから、彼女とテープで繋《つな》がったときの快感たらなかった。でもあくまでも三人のチームプレーを応援した。三人の熱い連帯感あってのキャンディーズです」。

大里は現場を任せることで松崎たちをノせていき、「ハートのエースが出てこない」「春一番」「やさしい悪魔」「暑中お見舞い申し上げます」などのヒット曲が次々に誕生。

そんな矢先の七七年七月一七日。日比谷野外音楽堂でのコンサート終盤に三人は突然、解散宣言をしたのだった。舞台中央で三人が嗚咽し始めたとき、松崎はとっさに「やばい、これは言うぞ」と思った。一カ月ほど前に三人から「約束の三年もすぎたし、解散したい」と相談されていたのだ。不眠不休で頑張っていたから疲れたんだろうと思い、「じゃあ本当に格好良く終わる方法を考えようよ」と答えていた。大里も相談されていたが数カ月前に渡辺プロから独立していた。松崎はステージ裏に回り、「叩け！　ドラムを叩けーっ！」と叫んだ。が、時すでに遅し。三人は九月に解散することを宣言。「普通の女の子に戻りたい」の言葉を残し、スタッフに抱えられて退場した。

渡辺プロに呼ばれた大里は解散を翌七八年四月に延期するよう三人を説得し、後日その旨が発表された。全キャン連もそういうことなら彼女たちが絶頂時に解散できるよう全力で応援しようと結束。ファイナルに向けてカウントダウンが始まったのである。

——あの解散宣言をどう聞きました？

阿木燿子（作詞家）「普通の女の子に戻りたいは本音だったと思いますよ。三人のときはパッとほんとに明るいんだけど、お一人ずつ会うと静かな、ごく普通のお嬢さんたちでした。だからキャンディーズを演じていたと思う。キャンディーズの名前がビッグになりすぎて自分たちでもだんだん持て余してきたんじゃないでしょうか」。

太田「アイドルのままやめるというのは彼女たちがどこまで自覚的だったかはともかく画期的な発明だった。あ、美しいなと直感的に思った」。

秋元「あれは一種の平等宣言だったと思う。幸せはスターという憧れの場所ではなく普通の生活の中にある、私たちはそこからあっさり降りますと言ったわけだから。それまでは選ばれた者のみがスポットライトを浴びていたけど、あの宣言以降、誰でもスポットを浴びられるようになった。価値観がひっくり返ったんですね。彼女たちが作った新しい価値観は現在も有効です」。

にわかに新しいファンも増え、自分たちの「仲間」を応援しようと彼らは熱狂した。ラストソングの作詞を依頼された阿木はプレッシャーに押し潰されそうになりながらも、それまでのヒット曲を織り込んで一つのストーリーにまとめるという離れ業をやってのける。別れを引っ越しに見立てた名曲「微笑がえし」である。作曲は穂口雄右。

♪１２３あの三叉路で　１２３軽く手を振り　私達お別れなんですよ〜

石破・石黒・太田・森永「ラジオ局に電話リクエストしました」。

ファンたちは草の根的に応援した。その甲斐あって同曲はピンク・レディーを抜き、とうとう初のレコード売り上げ一位に輝く。「高校野球みたいなものです」。石黒は言う。「地区予選から甲子園で優勝するまで死ぬ気でスタンドから応援した」。そう、甲子園ではなく後楽園球場ではあったが、キャンディーズは七八年四月四日に「優勝」したのだった。太田は言う。「キャンディーズはファンが作ったグループアイドルの走りなんですよ。ファンたちが発見し、その頂点で解散するという物語もファンたちが完結させた」。

森永はその後、「夢の遊眠社」に入団しようと考えたこともあったらしい。東大の構内で野田秀樹がやっていたところへランが入ってきたからだ。しかし動機が不純なのでやめた。大学は理系で入ったが虚数を使う量子力学で挫折し、解散前後のころ経済学部に転部している。「経済は全部実数なんです。なんていい学問なんだと思った」。

――金融工学は量子力学を応用してますよ。

「それで経済学はおかしくなった。私は加減乗除だけのシンプルな経済学を推奨している。それを私はキャンディーズから学んだ。シンプルで余計なレトリックを使わないところが彼女たちの凄いところです」。

石破は大学卒業後銀行に勤め、その後政治家になった。

——政《まつりごと》は芸能であると折口信夫は言っています。

「そう思いますよ。だから怖い。代議士になる前に渡辺美智雄さんから『政治家の仕事は勇気と真心をもって真実を語ることだ』と教わった。難しいけれど私もそうありたいと思っている」。

——キャンディーズですね、それ。

「だと思いますけど。勇気がなかったら解散できないし、真心がなかったらこんなにファンはいないし、作り物じゃない真実があった」。

「三〇年やってて思うのは」と秋元は言う。「ステージに立って光が当たれば誰でもスターなんだということ。ベランダの鉢植えに似ている。ゴロゴロ場所を動かしているうちに光るところが光ってくる。でもそれがどこなのかぼくも見抜いてるわけではないんです。あくまでもファンが選ぶ」。

——直接民主制？

「ですね。ファンという民意が決める。むしろ計算はしない方がいい。遊園地のハンドル付きゴーカートは下にレールが敷いてあるから子供たちはすぐ飽きます。動かなくなろうが側道から外れようが、レールを作っちゃいけないんですよ。そこにレールはないんだということを最初に示したのがキャンディーズでした。まさか自分たちで解散宣言して、普通の女の子に舵を切ろうとは誰も思わなかった。だからみんな熱狂した」。

太田には「アイドルはすぐれて宗教社会学的な現象ではないのか」と尋ねてみた。「間違いなく信仰です」と太田。「ファンたちが連帯し、同方向を向いて信仰していたのがキャンディーズです」。

――彼岸に向けてのテープ投げ？

「うん。まだファンとの間に距離があった。最近は一対一のパートナー的な関係を結ぶ傾向にあるから信仰形態が七〇年代とは違ってきてるけど、お布施を含めていずれも宗教的構図に収まります」。

「解散はグループの死です」と言うのは島田だ。「死に向かって時間が区切られると物語は宗教化する。しかもその物語が成就し、キャンディーズは神聖なグループになった。ファンはその成就を思い起こした瞬間、いつでもその神聖さに触れることができる。解散後の三人にとってもアイドル時代の自分は自分であって自分ではない別人格です。解散したからキャンディーズなんですよ」。

その後何度かテレビ番組でスーに会っている鴻上は、『黒い雨』を観て彼女をすごい女優だと思った」と言う。「彼女たちの復帰を約束違反だという人もいるけど、ぼくは全然そうは思わない。スーちゃんもランちゃんも素敵なんだから」。

「ビッグアイドルには二通りある」と語るのは、多くのアイドルを見てきた阿木だ。「郷（ひろみ）くんみたいに自ら発光するタイプと逆に気を発しないタイプ。山口百恵さんやキャンディーズがそう。みなさん、ステージとのギャップに驚くぐらい物静かなんです。思春期の若い人たちは気が溢れている。その過剰に余ったものをブラックホールみたいに吸い寄せてしまうのがアイドルなんじゃないでしょうか」。

ということはファンはアイドルの影に感応していることになる。光に照らされて徹底的に影が隠されているから、かえって影＝死が垣間見えてしまうのがアイドルなのだろう。

影を取り戻すためにランが解散後最初に出演した映画が『ヒポクラテスたち』（大森一樹監督）だった。「女優をやると聞いたのでオファーしたらすぐOKが来た」と語るのは大森だ。「最後に死ぬ役なんだけど、じつは彼女も死ぬ役を探していた。それが偶然ピッタリ合った」。一方、スーは『黒い雨』（今村昌平監督）で広島原爆に間接被曝した少女を演じている。大森は言う。「今村さん独特のカンで彼女に影の部分を見たんでしょう。あの映画を観てぼくは『ゴジラvsビオランテ』に出てもらった。原爆が作った怪獣・ゴジラに立ち向かう女の子の役です」。

スーの訃報に接したとき、だからだろうか、この人はなんて放射能と関係が深いんだろうと思った。福島原発から放射能が漏れている最中の死去だった。深読みである。「いや」と太田が言う。「深読みを誘い、時代とシンクロしてしまうのがアイドルなんですよ」。

今年の四月二五日。ラン・スー・ミキの三人が三三年ぶりに揃った。スーの告別式だ。式中、病床で収録したという彼女の声が流された。いろんな意味に取れるメッセージだったが、さまざまな思いを織り込んで、天国に引っ越しますという彼女なりの「微笑がえし」なのだろうとぼくは理解した。「幸せな幸せな人生でした」の一言が印象的だった。言い換えれば「私は幸せでした」ということだ。キャンディーズが残した最後の言葉が「私たちは幸せでした」。「私」と「私たち」だけの違いなのだが、こうやって並べると彼女が一つの問答を三三年かけて閉じてくれたことがわかる。普通の女の子（私）に戻って幸せでしたよ。ずっとファンの思いを引き受けていた人なのだろう。

ランとミキの弔辞から三人の「私」たちが解散後も本当に仲良しで、キャンディーズ（私たち）のファンであり、キャンディーズを大事に思っていることも伝わってきた。

――心から信頼できる同志が三人いれば天下は取れるものですか。

「三人いれば十分です」。

石破から即答が返ってきた。

きゃんでぃーず

1955年　1月13日、伊藤蘭（ラン）東京都武蔵野市生まれ。

1956年　1月15日、藤村美樹（ミキ）東京都世田谷区生まれ。4月8日、田中好子（スー）東京都足立区生まれ。

1969年　伊藤と田中、渡辺プロダクション経営の東京音楽学院に入学（藤村は70年）。スクールメイツのメンバーに選抜される。

1972年　NHK『歌謡グランドショー』のマスコットガールに選ばれ、番組ディレクターが「キャンディーズ」と命名。

1973年　TBS『8時だヨ！全員集合』のアシスタントとしてレギュラー出演。「あなたに夢中」でレコードデビュー。

1975年 「年下の男の子」発売。以降、センターはスーからランに交代。マネージャーが大里洋吉（現アミューズ会長）に代わる。「内気なあいつ」「その気にさせないで」「ハートのエースが出てこない」発売。

1976年 「春一番」発売。全キャン連（全国キャンディーズ連盟）旗揚げ。NET『みごろ！たべごろ！笑いごろ!!』開始。「哀愁のシンフォニー」発売。

1977年 「やさしい悪魔」「暑中お見舞い申し上げます」発売。日比谷野音のステージ終盤に解散宣言。「アン・ドゥ・トロワ」発売。「わな」で初めてミキがセンターで歌う。

1978年 「微笑がえし」で初のレコード売り上げ1位。4月4日、後楽園球場で「ファイナルカーニバル」。

1980年 伊藤、映画『ヒポクラテスたち』で女優復帰。田中、女優復帰。

1981年 伊藤、夢の遊眠社『少年狩り』出演。

1983年 藤村、ソロ歌手として「夢・恋・人」を発表後、結婚。以降、芸能界の表舞台には立っていない。

1989年 田中、映画『黒い雨』で日本アカデミー賞主演女優賞を受賞。『ゴジラvsビオランテ』に出演。伊藤、俳優の水谷豊と結婚。

1991年 田中、小達一雄と結婚。

1992年 田中、乳ガンが見つかり、治療を続けながら女優業を続行。

2011年 4月21日に田中、死去。享年55。伊藤、松崎澄夫（元アミューズ社長）プロデュースの震災チャリティソング「ひとりじゃないの」に参加。

浅野妙子［脚本家］

さびしさという才能で書く恋愛脚本家

2009年10月19日号『アエラ』

顔の筋肉をあまり使わずに語る人である。彼女の場合、表情を担当しているのはむしろ手の指だ。影絵でキツネを作ればシャープな口と耳の影が浮き出てきそうな反った指。何かの弦に触れていた指のようでもある。当てずっぽうに「バイオリン弾《ひ》いてたんですか」と尋ねると、「学生時代にちょっと」。

脚本家・浅野妙子《あさのたえこ》の名前に注目したのは『大奥～第一章～』（二〇〇四年）からだった。恋愛ドラマに三角形は付きものだが、彼女の恋愛空間では直線が一方通行なので公式通りに点と点は線で繋《つな》がらない。しかもその線をギッギギと絞っていくのだ。衆道関係にある家光（西島秀俊《にしじまひでとし》）と隼人（金子昇《かねこのぼる》）、それに側室お万（瀬戸朝香《せとあさか》）の苦しげな表情。あの浅野が絞る線はそうか、バイオリンの弦だったか。エンディングにサザンが歌う「愛と欲望の日々」とぴったり合っていた。

「まず俳優ありきなんです」。

鎌倉《かまくら》、浅野宅。五十数インチのテレビのある二階の部屋で浅野は何度かその順序を強調した。ストーリーが先ではなく、俳優から役や物語を発想していく脚本家なのだ。

主役が決まるとその俳優が出ている映画からトーク番組まで目を皿にして鑑賞し、俳優の新しい面を発見する。ここから一種の恋愛モードに突入するらしい。恋愛とは発見である。いや発見するから恋愛なのか、いずれにしろ浅野の影絵が動き出すのだ。後は構成が決まればその面を輝かすために「こういわせたい、いわれたい」と俳優に当て書きし、放映で俳優が役を生きているとラブレターの返事を貰《もら》ったように喜ぶ。するとプロデューサーの長坂淳子《ながさかじゅんこ》の携帯に彼女からの履歴が並ぶ。

「自慢したいんですよ」と長坂。「『今この瞬間あの俳優とわかり合えたのよ、恋人にやっと会えたような特別なものを感じるわ』って」。二人は『TOKYO23区の女〜葛飾区の女〜』(一九九六年)以来の付き合いだ。

「横で見ててもわかりますよ」と語るのは浅野の夫・浅野俊哉《としや》(関東学院大学法学部教授)だ。「必ず疑似恋愛状態になる。冬吾は彼女の理想の男性。心の広い男です。真生は彼女の分身。自分を投影するんですね。桜子も似ている。好きって気持ちを抑えられず、モラルを無視して一直線に向かっていくところなんてそっくり」。

『ラスト・フレンズ』をプロデュースしたフジテレビの中野利幸《なかのとしゆき》もこういう、「瑠可と美知留を足して二で割れば浅野さんかもしれない」。

浅野の連ドラには底力がある。視聴率は尻上がりに伸びる。桜子（宮崎《みやざき》あおい）が笛子（寺島《てらじま》しのぶ）の夫・冬吾（西島）に横恋慕していた『純情きらり』（〇六年）。桜子にツッコミを入れながら目が離せなくなった視聴者も多いだろう。そして性同一性障害の瑠可（上野《うえの》樹里《じゅり》）、瑠可が秘かに想いを寄せる美知留（長澤《ながさわ》まさみ）、セックス恐怖症のタケル（瑛太《えいた》）、ＤＶ男の宗佑（錦戸亮《にしきどりょう》）と、全員が孤立する性を抱えながら恋愛していた『ラスト・フレンズ』（〇八年）。去年一番の収穫だったドラマである。

『神様、もう少しだけ』（九八年）も代表作の一つ。「エイズに恋を絡めたエグイ話よ」と語るのは浅野脚本の『婚外恋愛』（〇二年）をプロデュースしているテレビ朝日の内山聖子《うちやまさとこ》だ。「でもＨＩＶに感染した真生（深田《ふかだ》恭子《きょうこ》）が恋人（金城武《かねしろたけし》）に検査を受けさせて白とわかったときにいうのね、『黒だったらよかったのに』。ハハ欲望そのまんま。しかもそれを愛と言い切る。あ、この脚本家好きだと思った。全然偽善的じゃないのよ」。

当然俳優の好みはうるさい。かつて織田《おだ》裕二《ゆうじ》で書かないかというオファーがあったが、その場で断っている。「男」が売りの男優より「男」を足場にしない男優の危うさに彼女の鋭利な指先は敏感に反応するのだった。

——浅野さん、Ｓ？

「ですね」と浅野。「見られるより見ることで恋愛は燃えるし、私はエロティックなことでは脳

撮影＝菊地健志

が男。ドラマの中では『さあ、どうする』って男優さんを追い込む。瑛太くんも完全に蹂躙《じゅうりん》されてたでしょ。あの傷ついた表情が生々しくて色っぽい」。

――Mっぽい。

「俳優ってMでしょう。見られることに快感を覚えるわけだから。ストリップなんですよ、俳優の仕事は。傷口を晒《さら》せるのが条件」。

――脚本家の仕事は？

「上手にウソをつくこと」。

俳優にとって浅野の役を演じるのは一つの転機になることが多い。瑛太はタケルによって無色透明さを獲得。宮﨑あおいは桜子を通じて憑依《ひょうい》のコツを会得し、『篤姫』でフル活用していた。『のだめ』とはまったく違う瑠可役をいただいて女優の幅がグンと広がった」というのは上野樹里だ。「瑠可は白黒じゃなく常に揺れているグレーの部分を抱えていると思ったのでそこを意識しました」。女らしさをスポンと脱いだ上野の「脱ぎっぷり」は昨秋ドラマ界の話題をさらっていた。

「ひところ周りから冬吾さんと呼ばれてました」という西島秀俊。寝起き頭でフッと登場し、津軽《つがる》弁で語り、桜子のどんなわがままもスッと受け容《い》れる冬吾の構えない構えに日本中の女性が老若を超えて癒《いや》されていた。冬吾のモデルは太宰治《だざいおさむ》だ。「一回やれば消えない、全く新しい自分の中の感覚を体験できた」と西島。「浅野さんの俳優を見る目は俳優本人が不思議に思うくらい正確で鋭い」。

俳優に当て書きする脚本家は少なくない。が、浅野ほど恋愛モードで書く人は稀《まれ》ではないのか。憑依型の脚本家である。実際ドラマが終わると憑《つ》き物が落ちるように疑似恋愛も終わるのだった。

まず俳優、のほかにもう一つ浅野が強調する「順序」があった。恋愛だ。親指を撓《たわ》めながら浅野が「恋愛」を連発する。

「私は仕事より恋愛なんです。自分の書いたものが映像になったときに感じる官能的な喜びはとても大事です。必ず感動する。でも仕事は楽しいからやってるだけ。私ほどの恋愛至上主義者はそんなにいないと思う」。

浅野が恋愛至上主義者になったのは二四歳のときだ。四二歳の既婚男性と不倫関係になり、ちょっと体が離れるのも切ないくらい相手を好きになった。「ああ世界ってこれなんだ、私は生きている」と生まれて初めてリアルに感じたらしい。「そのとき確信したんですよ、人生には恋愛しかないと。それまでの私は眠り姫だった」。

関係は四年続いた。慶応大学の大学院で「生の哲学」の大家・ベルクソンを専攻しフランス文学の研究者を志していたが、身が入らなくなり途中で挫折。小説にも挑戦してみたが摑《つか》み所がわからず断念。試しに門を潜《くぐ》った放送作家教室、これが合った。何よりも心の内を叩《たた》きつけられるのが快感だった。

「よく彼女は不倫話を書いてたなあ」。教室の研修科で同窓だった脚本家の尾崎将也《おざきまさや》が語る。

「自分と切り離して虚構を作るより、あなたが好きだと自分の感情を直接前面に出していた」。

不倫の緊張感も緩み、恋愛とは別のパートナーが欲しいと思っていたときに俊哉と知り合い、九四年に結婚。翌九五年に『無言電話』がフジテレビヤングシナリオ大賞佳作に入賞。同年、長男を出産。

「私はモラリストじゃないから結婚も子どもも歯止めにならないんです。自分は自分。主人は話の合う最高のパートナーですね。私のことを一〇〇%理解して許してくれてる」。

——じゃあ賑《にぎ》やかでしょう、男性遍歴?

「全然」と首をふる恋愛至上主義者。「恋愛が下手なんです、私。脳がもっと女だったら上手《うま》くいくと思うんだけど、私には恋愛が一番難しい」。

浅野の脚本家のキャリアにはフジテレビの三人のプロデューサーが密接に関わっている。浅野にプロデビューのきっかけを与えたのが小岩井宏悦《こいわいひろよし》(現ワーナー・ブラザース映画)だ。彼から全体の構成や「その一言」に収斂《しゅうれん》させていくセリフ術、必ず次を見たくなる終わらせ方など一から十まで叩き込まれた。主導的で妥協のないプロデューサーだった。二人は薬師丸《やくしまる》ひろ子《こ》主演『ミセスシンデレラ』(九七年)、木村拓哉《きむらたくや》の『ラブジェネレーション』(九七年)、『神様、もう少しだけ』のヒット作を世に送り出している。

「彼女は仏文でしょ」。小岩井が語る。「インモラルが持ち味。ぼくがやったのはそんな彼女のフランス映画的な感性をハリウッドの手法でメジャーにしたことです」。

一方「ぼくは何もしなかった」というのが保原賢一郎《ほばらけんいちろう》だ。「彼女の勢いを殺《そ》がないよう心掛けました」。それが功を奏し、『大奥』(〇三〜〇五年)は大ヒット。「あれには力を感じた」とロベタの尾崎も褒める。「彼女の女性的でナマな感情と虚構の世界がちゃんと合体していた」。

保原とは相性が合った。保原が語る、「浅野さんにサラッといわれたことがある。『あなたはキャスティングが弱い。押しの強さがない。だから食い足りない』と。当たってるだけに凹《へこ》みました」。

冒頭に述べた「いびつな三角形」を自在に使えるようになったのもこのころである。点と点が線で繋がらない恋の幾何学を導入することで浅野は感情を制御し、逆にギッギギと極限の感情を絞り出せるようになった。しかも視聴者が秘《ひそ》かに求めている残酷な欲望を男脳をもった指先で探り当て、「ほら、ここでしょ」と抉《えぐ》りながら書いている。かくして俳優同様、見る側もストリップを余儀なくされ、視聴者・俳優・浅野の間に虚構を支える「共犯関係」が成立。

テレビとはホルモン産業だ。笑いや涙、怒りのホルモン分泌を促すものを我々は「リアル」と呼び消費しているし、そのホルモン環境に整地された膜の内を「日本」と称している。当時の首相だった小泉純一郎《こいずみじゅんいちろう》。彼も視聴者(国民)と「共犯関係」が結べるSの遣い手だった。テレビを利用した小泉政権も、だから「刺客」シーンをヤマにした連ドラだったのだが、江戸城の伏魔殿という虚構を使い、『大奥』は現代とクロスしていた。官能つまりホルモンのざわめきを媒介に浅野の指は容赦なく「時代の性感帯」を摑んでいたのである。『純情きらり』で造形した無敵の

M・冬吾。小泉ワンフレーズ政治の向こうを張っていたのはどんな雄弁でもなく、じつは冬吾の津軽弁だった。

「浅野さんは乗らないと絶対やらないと聞いていたんですが、『ラスト・フレンズ』は企画を見た瞬間気に入ってもらえた」と語るのは中野利幸だ。挑戦的なプロデューサーである。

数個の「いびつな三角形」がアンサンブルを奏でていた『ラスト・フレンズ』。性同一性障害者やDV男など性的に孤立し調和できない若者たちが血を流しながら、点と点が繋がる一瞬の可能性だけを信じて都会のまん中で遭難していた。そう、浅野の登場人物たちは人と人の間で遭難しているのだ。「オレは瑠可が好きだ。人間としてか女としてかどっちかなんて聞くなよ。オレだってよくわからないんだから」と叫ぶタケルの悲痛な告白に、これまで味わったことのない深いカタルシスを覚えた読者は多いだろう。

「そもそも恋愛とはいびつなもの」という浅野はその予定調和しない「いびつな三角形」にこだわる。『純情きらり』は朝ドラに相応《ふさわ》しくないと大幅な書き直しを迫るNHK側と戦い抜き、勝ち取ったドラマでもあった。いびつさを切り捨て、予定調和のカタルシスを与えながら三角形を束ねていくのが政治だとすれば、たしかに彼女は恋愛を政治の手に渡さない恋愛至上主義者なのである。かといって自分の手にも入らないのだが……。

——恋愛って何ですか。

「飢えです」浅野はいう。「誰かを好きになるのって自分の空虚を埋める行為なんだと思う。恋愛リビドーがワーッと人に取り憑き、そのメカニズムは勝手に作動する。でも好きになる人に振り向いてもらえなかったらいくら恋愛に溺《おぼ》れたくても溺れようがない。飢えてるだけ。私の場合がそう。辛《つら》い。でも恋愛だけは諦《あきら》め切れないんです」。

埋まらない空虚。しかしウロがなければいくら弦を絞っても音は響かない。その大きなウロと俳優、視聴者のウロが響き合うから浅野の連ドラは回を追うごとに倍音が増していくのだった。

内山「いつも激しく誰かを思い詰めて心を埋めている。で、ササクレ立ってるのね、自分をわかってくれないと。携帯に出ないと一〇分置きに掛けてくるし、引っ掻きだすとずっと引っ掻く孤独を抱えている。それに建前がストンと抜けてるのよ、彼女。相手がどう思おうがズバッというから女性脚本家の友達はいない。孤高の脚本家ですね」。

長坂「彼女の口癖は『人は孤独だから』と『女も仕事も勝ち取れ』。お嬢様育ちで権力欲、出世欲は一切ない。ただ女として自分の人生を勝ち取ろうと戦っている。いとしい人です。そこにはウソも狡《ずる》さもないから」。

俊哉「彼女も遭難してるんですよ。一見活発で攻撃的に見えるけど、じつは魂が彷徨《ほうこう》している。法学者だった父親には一度もハグされたことがないし、幼稚園時代からのイジメられっ子で、ずっと友達のいない少女時代を送っていた。だから自分と世界の間に膜がある。『自分の膜を取っ払って世界と生々しく相まみえたい』が彼女の生涯のテーマです。そのためには恋愛もそうだけど出産も大きかった。世界そのものですからね。あるとき彼女がポロッといったんです、『地球最期の日に女は子どもが産める』って。わかってるつもりだったけど、あれには驚いた」。

世界と自分の間にある膜。じかに世界に触れられない苛立《いらだ》ち、もどかしさ、切実、孤独の激しさを表しているのが、ほかでもない彼女の指だった。

脚本というウソの形式を得て、ようやく彼女はその膜を使えるようになった。ここでは膜に遮られ世界から弾《はじ》かれていることは世界の外に立てるという、膜の内に自足している人には得られない特権になる。だから彼女の恋愛ドラマは世間ではなく世界を描いてしまっているのだ。しかし使えるようになったからといって膜が消えるわけではない。四七歳の浅野が繰り返す。

「愛してくれる夫がいて仕事も一応成功しているのにそれじゃ満足できない。欲が深いんです。主人は業が深いといってますけど。女はさびしい。恋愛中と出産のとき以外はすぐまた膜に覆われて眠り姫になる。今の私もそう。生きてる感じが希薄。その膜を取っ払うには私には恋愛しか効力のある方法がないんですよ。でも飢えているだけ」。

その「不幸」が彼女の才能だった。おそらく恋愛下手が憑依型脚本家の条件なのだ。憑依とは至上のものと引き換えにその人に与えられる能力ではなかったか。眠り姫のみる夢ほど生々しい影絵はない。

いつかこの人はカトリックに帰依するのかもしれないなと思った。今は「全くの無神論者」らしいのだが、幼児洗礼を受けているし、冬吾の造形がぼくには彼女のイエス像のように思えたのだ。そう尋ねると彼女の口から意外にも坂本龍馬《さかもとりょうま》の名が出てきた。

「ちょっと神様みたいな遠くから降り注ぐ愛を持っているところは冬吾にも近い」「風のようで、愛されるのが似合う男」「血液型はB型かな」。そしてこう続けた、「そんな龍馬みたいな男がこの世にいないとは思ってないんです、私。まだ望みは捨てていない」。一人の女が「開国」するにも一人の「龍馬」が必要なのだった。

しばらく浅野ドラマを見ていない。次はどんな「世界」を見せてくれるのか。待ち遠しい脚本家である。

あさの・たえこ

1961年　10月4日生まれ、天秤座。神奈川県出身。血液型A型。父は慶応義塾大学法学部教授。個人主義の家庭に育つ。幼稚園時代からのイジメられっ子で「石を投げられたり、小3の創作ダンスのときはどのグループにも入れなかった」。父の書斎にあった「漱石」を読む。中1で初恋。

1980年　慶応義塾大学文学部に入学。

1983年　夏〜84年夏まで交換留学生としてパリ第三大学に留学。日本人男子留学生と初体験。「こんなもんか」と、とくに感慨なし。

1985年　春、大学卒業。卒論テーマはジャン・コクトーの戯曲『声』。同大学文学研究科修士課程に入学。87年同課程修了。

1988年　六本木の放送作家教室に入学、以降5年ほど在籍。

1994年　5月、結婚。

1995年　『無言電話』が第7回フジテレビヤングシナリオ大賞の佳作に入賞。9月、第1子長男出産。

1996年『Age, 35恋しくて』（フジテレビ）がデビュー作。『TOKYO23区の女〜葛飾区の女〜』（同）。

1997年『ミセスシンデレラ』（同）、『ラブジェネレーション』（同）。

1998年『神様、もう少しだけ』（同）。

1999年『パーフェクトラブ！』（同）。

2000年『二千年の恋』（同）。

2001年 5月、長女出産。

2002年『婚外恋愛』（テレビ朝日）、『薔薇の十字架』（フジテレビ）、『怪談百物語』（同）。

2003年『大奥』（同）。

2004年『ちょっと待って、神様』（NHK）、『大奥〜第一章〜』（フジテレビ）、『アイ，ムホーム　遥かなる家路』（NHK）。

2005年『大奥〜華の乱〜』（フジテレビ）。映画『NANA』（東宝）。

2006年 連続テレビ小説『純情きらり』（NHK）。映画『大奥』（東映）。

2008年『眉山』（フジテレビ）、『ラスト・フレンズ』（同）、『キャットストリート』（NHK）、『イノセント・ラヴ』（フジテレビ）。映画『ICHI』（ワーナー・ブラザース）。

ミッキーマウス［キャラクター］

魔法の粉でふりまく「幸福」

2005年3月21日号『アエラ』

ひさしぶりに東京ディズニーランドに行った。しかも大晦日《おおみそか》の夜。到着したときにはすでに何万人もの客がゲートの前に並んでいて、列は遅々として捗《はかど》らない。寒空の下でなんだか越冬するペンギンのような気分になり、こんな妄想を温めてみた。ミッキーマウスに会ったらどんな質問をしよう？　すると聞いてみたいことが次々に頭に浮かんできた。

最近どんな本を読んでるのとか、キミは中国ではミー・ラオ・スーと呼ばれてるんだってね、漢字では米奇老鼠って書くんだよとちょっと知識を披露したり。彼の生みの親ウォルト・ディズニーのことや、思いきって結婚観、宗教観も尋ねてみたい。さらにディズニー社最高経営責任者（CEO）アイズナーとの相性や、最近のディズニー社株についての所見も軽く聞いておこう。そして別れ際に握手しながらこんな提案をするのはどうかな。キミも七六歳なんだからさ、そろそろ自伝を書いてみたら？

いうまでもなく、このインタビューは成立しなかった。トゥーンタウンにあるミッキーの家で年明け早々、彼に会うことは会った。しかし一〇人ぐらいのほかの客といっしょだったし、その中の女の子たちが「きゃー、ミッキー！」と騒いでいるうちに、一言も言葉を発せられないまま、ところてん式に外に押し出されていた。

それでも収穫がなかったわけではない。カウントダウンパレードの場所取りのために三〇日から徹夜していたというコアなリピーター数人の話を聞くことができたのだ。休職した去年一年間に三〇〇回来園したという三〇過ぎの女性は、六〇万円相当のカメラ機材をリュックに背負い、一目惚《ひとめぼ》れしたというダンサーを撮りまくっていた。「外の現実の男性って面倒くさいでしょ。親も自分で生きていけるなら結婚しろとはいわないし。入場料？　年間パスポートの四万円だけよ」。また最初は子供を遊ばせるために来ていたのだけれど、家庭不和もあって自分の方がはまってしまったという浦安《うらやす》在住の専業主婦。彼女は白人の王子様追っかけの〝フェイスファン〟だ。「私みたいな主婦はいっぱいいいるわ。自転車置き場に行ってごらん、ずらっと自転車が並んでいるから」。

ミッキーファンの女性にも会った。といってもキャラクターというより着ぐるみを着ているキャスト、つまり〝中身ファン〟。彼女によるとミッキーのキャストは一人ではなく、数人の女性がミッキーを含め、ミニー、ビアンカなど同サイズ六種ほどのキャラクターを交代で演じているのだとか。

「動きが違うから分かるのね。あ、今日はあの人あの役やってるって。それからここには男性のミッキーも一人いる」。見たの？「いや、それは絶対なし」。熱中症で倒れて死にそうになっていたミッキーが、駆けつけた救急隊員の前でも着ぐるみを脱がなかったという伝説があるんだって？「その手の噂ならいくらでもあるわ。着ぐるみであって着ぐるみじゃないのよ、このファンタジーの国では」。誤って客を殴ってしまったプルートに怒った客が中身の人間に謝れと迫ったら、割って入った社員が着ぐるみと認めず、これは犬ですから、とあくまでも言い張ったとか。「そんな噂もあるかもね。でも私はプルートにはあんまり興味ないから。ミッキーって顔は変わらないけど動きにスキがないでしょ。スムーズで、かわいくて。私はそういう動きのできる人に憧れるの」。

さすが夜通しやっている大晦日。朝の三時になっても園内はまだ賑《にぎ》わっている。しばらくぶらついた。歩きながらふっと頭をよぎるものがあったので、通りかかった女性キャストに尋ねてみた。「さっきパレードでミッキーが踊っているのを見たんだけど、すぐ走って彼の家に行ったら彼はもう着替えてそこにいたよ。どうして？」。彼女はミッキーと同じにこやかな顔で、こう答えてくれた。

「ミッキーは魔法が使えますから」。

そうなんだね、ミッキーは魔法が使えるのだった。それにしても何だろう、ミッキーの魔法って。今回は改めてそのことについて考えてみようと思う。でも本人から話を聞けなかったのは上述の通り。ご了承願いたい。

どこから話を始めようか。フランスのノルマンディーからイギリス、アイルランドに渡り、食い詰めてカナダ、アメリカの中西部に流れ着いたという、例のディズニー家の「旧約的」世界？それもいいが、ここはやはりミッキーが誕生した、つまりミッキーが『蒸気船ウィリー』でデビューを果たした一九二八年あたりが順当だろう。そのデビューそのものが、いわば一種の魔法だった。この一〇分にも満たない短編アニメについてディズニー通のジャーナリスト、柳生《やぎゅう》すみまろはこう話す。

「ウォルトがバスター・キートンの船長映画とアメリカ民謡の『藁《わら》の中の七面鳥』をボードビル風に上手《うま》く仕立てた映画です。でも画期的だったのは単に音が出るというのではなく、ミッキーの動作と音が完全にシンクロしていたということ。その前年にハリウッドではトーキー革命があったんだけど、まさか漫画があそこまでしゃべったり歌ったりするとは誰も思っていなかった。当時の観客はそりゃあビックリですよ」。

新テクノロジーを貪欲《どんよく》に取り込み、漫画に生命を吹き込むウォルトの魔術的手法。その化身となって最初にピョンと飛び出してきたのがミッキーマウスという一匹のネズミだったのである。そう、ミッキーはそこに生きていたのだ。翌二九年にアメリカでは大恐慌が吹き荒れるが、その後も銀幕の上をところ狭しと動き回るミッキーの魔法はますます大衆の心を摑《つか》んでいった。

ミッキーの短編にはよく竜巻が出てくる。シリーズ初のカラー作品『ミッキーの大演奏会』（三五年）でも楽団は演奏途中から竜巻に巻き込まれ、空高く舞い上がりながらも渦巻きとシンクロするように演奏を続けている。そのときタクトを振っているミッキーは全然慌てていない。まるで結末は織り込みずみといわんばかりに平然と渦巻きに身を委ねているのだ。そして実際、最後にはめでたく元いた場所に着地し、曲も終わる。

この竜巻を恐慌の嵐と見るかどうかはともかく、観客はどこまでも滑っていくアニメ独特のイメージの奔放な浮力に身を任せることで、一時的にしろ重苦しい地上の重力の法則から逃れることができた。また、最終的には平和な場所に再び着地できるのだという予定調和の幸福感も味わうことができたのである。ミッキーはアメリカという国の重力が夢見た浮力であり、幸福の指揮者なのだった。

『蒸気船ウィリー』の日本初公開は二九年だというから、早い。当時はほぼ並行してジャズや大リーグも日本に上陸している。しかし三七年公開の『白雪姫』は日本人の戦意喪失を恐れた軍部により上映差し止めを食う。この世界初カラー長編アニメを観《み》た軍人はテクノロジーと組織力それに生命力、つまりディズニーの魔法に圧倒されて我が邦の総合力の劣位を直感したのだ。『白雪姫』は戦後の五〇年にようやく公開され、五〇年代に日本では本格的なディズニーブームが起こった。

「ミッキーは一匹ではなく、少なくとも三匹はいる」と語るのは早稲田大学教授の有馬《ありま》哲夫《てつお》だ。

有馬は時代時代の要請によって、ウォルトのアニメーターたちがミッキーに最低三回の大きなモデルチェンジを施しているという。最初のミッキーにはまだネズミらしさが残り、表情もシャープ、性格も野性的でいたずら好きだった。ところが次の代になると親から苦情が殺到し、初代とは正反対の優等生になる。またアニメ技術も進化して手足に関節が付き、動きもリアルになる。三代目になると丸みはさらに増し、『ミッキーの猟は楽し』(三九年)で初めて白目が入り、『ファンタジア』(四〇年)では顔が肌色になり、表情はより豊かになった。「現在日本で見かけるミッキーのほとんどはこの三代目ですね」と有馬は語る。

ミッキーの目に白目が入ったというのは象徴的だ。白目は人間の目だけに備わった特徴である。目線を読まれてしまうので動物には不利な白目も、逆に人間は誰を見ているかを知らせるために使うようになった。白目には無防備ではあるが、パーソナルな対面、安心を誘う作用があったのである。またミッキーの体形は技術的な進化とは裏腹に時を追うごとに退行していく。現在の彼は三等身であり、ほとんど赤ん坊に近い。これは「かわいい」の黄金比率。柳生はそういうミッキーの放つスマイルには「ぼくはキミの敵じゃないよ、仲間だよ」というメッセージが込められているという。

「ミッキーは〇なんですよ」と語るのは『ディズニーランドという聖地』の著者、能登路《のとじ》雅子《まさこ》だ。「まず耳はどこから見ても〇二つが重ならないでしょ。ボタンも靴も丸いし、触ってごついところは一つもない。〇を組み合わせるとミッキーになるんです。〇は人が一番安心できる形だから、彼はこんなに人気がある」。

　ミッキーが○ならドナルドダックは△といったところか。『かしこいメンドリ』（三四年）で端役デビューしたドナルドはその横着で怒りっぽい、徹底的な快楽主義者ぶりによってまたたくまに人気者になった。そしてこの新たな△の出現によってディズニー帝国の正と負のイメージは確定し、善良な市民へ変身を遂げたミッキーは「ぼくはキミの敵じゃないよ」というメッセージとともに国境を越えていく。第二次大戦のとき政府の要請でプロパガンダ映画を制作していたウォルトはドナルドを兵隊にし、七人の小人さえジャングルに送っているが、ミッキーだけは戦地に赴かせなかった。ウォルトもミッキーの○だけは汚せなかったのである。

　そして五五年。アニメという二次元の世界を制したミッキーは、とうとう今度は三次元の世界へピョンと飛び出す。そう、ディズニーランドの開園だ。五五年のロサンゼルスに始まり、七一年のフロリダのマジック・キングダム、八三年の東京ディズニーランド（TDL）、九二年のディズニーランド・パリ、そして二〇〇一年にはTDLに隣接してディズニーシーもオープン。宇宙に一匹しかいないミッキーは、それこそ「魔法を使って」地球上を秒刻みのスケジュールで飛び回っているのだ。

　八四年以来ディズニー社の会長兼CEOを務めていたアイズナーは、ディズニーのコンテンツ資産を運用することによって最初の一〇年間こそ絶好調だったが、買収したABC放送の不振やパリの失敗、『リトル・マーメイド』『美女と野獣』を手がけてきたカッツェンバーグの離反、

『トイ・ストーリー』を制作したピクサー社との決裂などによって神通力を失い、いまは会長職を解かれ、近々CEOの退任も決まっている。しかしそんなディズニー社の衰弱が伝えられるなか、TDLだけは相変わらず世界一の収益を誇っているのだった。

「ミッキーの○はミッキーだけでなく、ディズニーランドでも何重にも埋め込まれている」と能登路はいう。死んでも必ず生き返る、会えなくても必ずまた会えるという円環、反復、回帰のストーリーが、それも丸く囲い込まれたディズニーランドの至るところで繰り返されているというのだ。それは客との関係においても例外ではない。実際ほとんどの客はリピーターであり、彼らもそれぞれの円を描いて舞い戻ってくる。

「でもね」と能登路が一呼吸置く。「日本で問題なのはリピーターたちのイメージするアメリカ像が五〇年代のアメリカに固着していて、いつもその豊かだったアメリカの白人至上主義的な時代に回帰しているということ。それは戦後日米関係の一つの自然な帰結でもあるんだけど、本家の方はそういう傾向をどんどん修正して多文化主義に向かっているというのに、その変化を見ようとしない日本の方がむしろそのイメージを守っている。皮肉でしょ。そういう意味ではウォルトの理想は本家より浦安の方に原形保存されているといってもいいし、圧倒的多数の日本人がそれを無批判に受け容れているからTDLはこれだけ繁栄しているんですよ」。

つまり、現実のアメリカを見ようとしないで着ぐるみのアメリカを信じることで約束される幸福の○というのがあり、その○とミッキーの○はリンクしているというわけだ。そんな大仰な、という読者もいるだろう。信じるフリを楽しんでいるだけなんだからさ、と。たしかにディズニーランドは客の信じるフリとそれを保証するランド側の配慮に支えられて浮かび上がっている契約空間だ。しかし信じるフリと信じるは催眠術レベルでは同義ではなかったか。ミッキーの○はそのレベルでパーソナルに交流するから魔法なのだし、さらに圧倒的多数によって共有されることにより政治性も帯びているのだった。

「ディズニー＝政治なんですよ」。能登路はいう。「昔から共和党と中西部とディズニーの世界は地理的にも政治的にも重複していたし、とくに9・11以降はそれが顕著になってきている。だってあの事件以降恐怖と不安にとらわれた中西部の人たちがしがみついた結果が、こないだのブッシュ再選ですからね。ディズニーも構図は同じ。古き良きアメリカの○はすでに破綻しているから、彼らはミッキーの予定調和的で楽天主義の完璧な○にすがろうとする。極論をいえばディズニーランドはそういう社会的変化に適応できない人たちのための娯楽的な一大療養システムなんですよ」。

二〇世紀の熾烈《しれつ》なニューメディア競争を勝ち抜き、そこにニッコリ笑っているミッキー。当年七六歳。かつてアメリカ中西部の牧場で『ウィリアム・テル』序曲を指揮していたネズミは、いまは銀幕から抜け出し、並みいる客の群れに向かって直接タクトを振っているのだった。そのタクトの描く○にシンクロしようとする老若男女の群れ。なんだかどちらがアニメか分からない光景なのだが、その境地に至ればミッキーにあやかって自分の空っぽのキャラに生気を吹き込むこともできるし、「地上で一番幸せな場所」の住人にもなれるというわけだ。条件は一つ。現実を見ないこと。

ねえ、ミッキー。キミの魔法の粉は戦後の日本にはバッチリ効いたね。いや元々その素地はあったのかもしれない。見てしまったら幸福は逃げてしまうという日本のフォークロアともキミは実に無理なく習合しているもの。キミが着ぐるみを絶対脱ごうとしないのは見識だと思うな。でもちょっと魔法の粉を振り撒きすぎじゃない？　もうこの国は十分ディズニーランド化しているんだからさ。あんまり撒布《さんぷ》するとアレルギー反応を起こす人もけっこういるし、クシャミ一つで夢から醒《さ》めるケースは多いからね、注意しないと。

後日、東京湾アクアラインを利用する機会があった。クルマの窓越しに海の方からお台場一帯の埋め立て地を一望して、アッと思った。海面から土地が五〇〜六〇センチ浮いているのだ。この国はディズニーランド同様「浮島」だったのだ。横から木槌《きづち》でコンと叩けば、多分どこまでも滑っていく国なのだろう。

みっきー・まうす
1928年11月18日　世界初のトーキー・アニメ『蒸気船ウィリー』でデビュー。
1932年　ミッキーを創造した功績により、ウォルト・ディズニーがアカデミー特別賞獲得。
1935年　ミッキーシリーズ初のカラー作品『ミッキーの大演奏会』公開。

1939年『ミッキーの猟は楽し』でミッキーの目に初めて白目が入る。

1940年『ファンタジア』で長編アニメに初主演。

1953年『ミッキーの魚釣り』で目の上に初めて眉が描かれる。この後30年間映画俳優を休業。テレビやイベントでの活躍が目立つようになる。

1955年ロサンゼルスにディズニーランドがオープン。

1966年ミッキーの生みの親、ウォルト・ディズニー死去。

1978年アニメ映画の俳優として初めて、ハリウッドのウオーク・オブ・フェイムにミッキーの星のマークが埋め込まれる。

1983年東京ディズニーランドがオープン。『ミッキーのクリスマス・キャロル』で銀幕にカムバック。

1990年『ミッキーの王子と少年』で初の二役をこなす。

1992年フランスにユーロ・ディズニー（94年からディズニーランド・パリに改称）がオープン。

2004年ビデオ映画『ミッキー、ドナルド、グーフィーの三銃士』。

2005年9月12日　香港ディズニーランドが開園予定。


出演映画数約150本。

山田太一〔脚本家〕

「私たちは宿命に縛られ救われてもいる」

2009年1月16日号『週刊朝日』

もう書かないと決めていた連続ドラマの脚本を山田太一氏が一二年ぶりに執筆した。一月八日から始まるフジテレビ開局五〇周年ドラマ『ありふれた奇跡』だ。『岸辺のアルバム』『ふぞろいの林檎たち』などの作品を手掛けてきたドラマ界の巨匠を訪ね、久々の連ドラを糸口に踏み込んだ質問をぶつけてみた。

――面白いタイトルですね、『ありふれた奇跡』。

山田　いつもタイトルは悩むわけだけど。ある若い人から「奇跡ってありふれてないから奇跡なんじゃないですか」といわれましてね、ああ、そういうふうに伝わらないんだと思った。テレビのタイトルは難しい。

——山田さんのドラマ名は、どこか絵画的ですよね。『ふぞろいの林檎たち』はちょっとセザンヌの静物画っぽいし。

山田　ははは。

——奇跡といえば、山田さんの親子論『親ができるのは『ほんの少しばかり』のこと』の中にこんな一節を見つけました。「平板で退屈な日常はじつは奇跡に支えられてやっと存在しているのかもしれない」。

山田　すべてが自分の努力というか自由意思でなんとでもなると思うのはとんでもないことだと思うんです。たとえば容貌や家族を自由意思で選べるとしたら全部自己責任になり、それだけでヘトヘトになってしまう。つまり私たちは自分ではどうにもならない宿命性みたいなものに縛られているし、それに救われてもいるんですね。運不運も大きい。今の日本が長寿国であり、ほとんど餓死者を出さないですんでいるのも、かなりの部分はラッキーだったということでしょう。もちろん日本人の努力を否定はしませんが、それくらいに思ってたほうがいいとぼくは思うんですよ。

——現在七四歳。山田さんは戦争をご存じです。

山田　今の七〇代は戦争を小中学校のころ体験している世代です。少年期に戦争が終わって価値観が激変しますが、そんな大げさなことではないとずっと思っていた。でも七〇歳を過ぎて振り返ってみると、戦後の飢餓を経験しているんですね。飢餓の時代はそれ以後ないから、やっぱりその世代独特のものがあるのかなあと思う。

——阿久悠《あくゆう》さん、赤塚不二夫《あかつかふじお》さんと、最近七〇代の方の訃報をよく耳にします。

山田　ぼくも他人事じゃありません。いつ自分の身になるか分からない。

——去年がんで亡くなった緒形拳《おがたけん》さんは七一歳でした。緒形さんとは何本か仕事をなさってますね。

山田　『いくつかの夜』（〇五年）が緒形さんとの最後のドラマでした。本読みのとき、「お忙しいのに受けていただいてありがとうございます」と挨拶したら「いえ」と答えられたんだけど、その口調がちょっと暗かった。どうしたんだろうと一瞬思ったのですが、まさか病気だとは……。だからいったんですよ。「ぼくは老人の話を書きたいんだけど、老人がどんどんいなくなってしまうので、緒形さん早く年取ってくださいよ」って。緒形さんは「ええ」と笑ってらした。

——『風のガーデン』（脚本・倉本聰《くらもとそう》）を撮り終えてすぐの他界でした。

山田　体調を崩しておられるのは娘（演出家の宮本理江子さん。『風のガーデン』を演出）からなんとなく聞いていたのですが、娘もはっきりは申しませんからね。訃報は思いも寄らなかったし、あのドラマで衰弱してらっしゃるのを見てショックでした。

——丁寧な、素晴らしい演出でしたね、『風のガーデン』は。かけた時間がちゃんと画面に表れていた。

山田　脚本がいいから。

——山田さんの『今朝の秋』（八七年）も、がんの息子が親より先に亡くなる逆縁の物語でした。

山田　ええ、勘当して許す許さないという話じゃないですけど。あれが笠智衆《りゅうちしゅう》さん最後のテレビドラマになりました。

——ぼくは笠さんに一度会ったことがあるのですが、あのまんまの方だった。

山田　そう、あのまんま。小津安二郎《おづやすじろう》さんが造形した笠智衆像みたいなものが虚実混ざり合って人格ができているような……。ぼくが助監督のころ、松竹の御大の俳優さんのひとりでいらしたから、ずっと憧れていたんです。最初にお願いして出ていただいたのが『ながらえば』（八二年）という作品。そりゃもう意気込んで書きました。でね、名古屋NHKの控室で偶然二人っきりになったことがあるんですよ。何か面白い話をしなくちゃと汗をかきながら笠さんを見ると、笠さんのほうも何しゃべっていいか分からないで困っておられて、あの調子で「今日は天気がよくて」なんておっしゃる（笑い）。それがほんとにいい味で。

——今度の『ありふれた奇跡』はホームドラマでありラブストーリーでもあるとか。ホームドラマにラブストーリーとくれば、昔の松竹のオハコです。

山田　松竹の社長だった城戸四郎《きどしろう》さんがおっしゃっていたんです。政治経済を描いてもいいけれど、家族を通して描けと。そこに政治も経済もおのずから反映しているはずだってね。その家族劇の方法論にぼくはとても共鳴し、影響を受けています。

——五八年に松竹入社。助監督としてつかれた木下恵介《きのしたけいすけ》監督はどんな方でした？

山田　非常に才気があって。今見ても傑作だと思う作品がいくつもあります。ずいぶん監督の口述筆記をやりました。泣くシーンになると役になりきり、自分でも涙を流しながら男女両方のセリフを語る方でした。

――役者に近い。

山田　ライターは多かれ少なかれそうでしょう。ぼくも男の役も女の役も声を出して書きます。そうしないとリズムがつかめない。口述筆記は、物語の仕組みや流れをつかむ、とてもいい勉強になりましたね。

――女性を美化しない描き方とか、木下監督は同性愛的な感性の持ち主だったと思うのですが。

山田　そう、女嫌いなところはあった。男が周りにいたほうが心をかき乱されないというか。木下さんに言い寄られて断った男優さんがその後使われなくなったという噂もありました。でもぼくが助監督のときにはそんなことはなかったと思う。だからよく分からないんです。本を書くときは木下さんと旅館に籠《こ》もることが多かったのですが、言い寄られたことは一度もなかったですしね。まあ、ぼくに魅力がなかったのかもしれないけど。

――六五年に脚本家として独立。そして七〇年代以降、『男たちの旅路』『岸辺のアルバム』『早春スケッチブック』『ふぞろいの林檎たち』と、テレビ史に残る連ドラのヒット作を立て続けに書いておられる。

山田　どの局にもぼくの作品に共感してくれるスタッフがいて、人に恵まれていました。

――なのにどうしてもう連ドラは書かないと決心なさったんですか。

山田　バブルが日本の社会を引っかき回したんですね。局全体として視聴率主義になり、面白ければいいと。ぼくだって面白ければいいと思うけど、その内容が人気マンガのドラマ化だったり、人気タレントの起用だったり。それに中高年を切り捨てた若者路線でしょ。その商業主義は現在に至るまで続いているわけだけど、このままいくと自分の書きたくない、不本意なものまで書くことになると思い、『ふぞろいの林檎たちⅣ』（九七年）を最後に連ドラから降りました。

――八〇年代後半から小説や戯曲も手掛けておられる。

山田　ラッキーなことに、ちょうどそのころ、書いてみないかと誘ってくれる方がいたんですよ。テレビ以外のメディアをやることで精神的にもずいぶん救われました。

――連ドラを降りたあとも単発ドラマは毎年書いておられます。

山田　ええ、視聴率の良いのも悪いのもありますが、不本意に書いたものは一本もない。それもほかのメディアをやっていたからできたんですね。でなかったら一〇年以上連ドラを書かず、しかもテレビ界から離れずにいるというのは難しかったと思う。

――『遠い国から来た男』（〇七年）で、中米から四六年ぶりに帰ってきた男を演じた仲代達矢《なかだいたつや》さんが「うまいね。鰻重《うなじゅう》ってこんなにうまいんだね」というシーンでは、本当に鰻のニオイがしてきました。

山田　あのシーンは素晴らしかった。ぼく、仲代さんご本人にも伝えましたよ。

——『星ひとつの夜』(〇七年)では笹野高史《ささのたかし》さん演じる男が、同僚で前科持ちの渡辺謙《わたなべけん》さんに意地悪して、渡辺さんに詰め寄られたときに軽く言い放った「嫉妬よ」の一言。刺さりましたね。

山田　あの男の動機は嫉妬がいいと思った。男同士の嫉妬は陰湿ですから。

——『本当と嘘とテキーラ』(〇八年)は、失礼ですが、山﨑努《やまざきつとむ》さんと柄本明《えもとあきら》さんの配役が微妙にずれていて、いまひとつフーガになり損ねていたような気がする。柄本さんの役は狂言回しと思っていいんですか。

山田　いや、主人公を相対化する役どころです。主人公に社会的な広がりを持たせるにはああいう人物が必要でした。

——一昨年、『新日曜美術館』で銅版画家の浜口陽三さんの作品について語っておられましたね。「この闇が好きなんです」と。

山田　浜口さんのメゾチントという技法では、まずスペースを真っ黒にするところから始まる。その黒からレモンとかサクランボなどが色づいて浮かび上がってくる感じが、なんともトロンとした官能的な感じがして好きなんですよ。底辺に闇がある。

——「つかのま浮かんでいるような存在感。闇があって、ほっと光になって、また闇に飲み込まれていく」と。闇に浮かぶありふれたフルーツたち。まさに、ありふれた奇跡です。

山田　ははは。

——ぼくは山田さんの話を聞きながら、これは山田さんの創作作法でもあるんだろうなあと思いました。

山田　うーん、でもテレビはそんな気取ったものじゃないというか。ほとんどの人は行儀の悪い状態で見ているわけだから、そんな文学的なことをいっても見てくれない。

——外しましたか。

山田　でもモネのことはよく考えます。彼が『印象　日の出』を出品したときに、それまでのリアリズムの巨匠たちは「なんだこれ、描きかけの絵じゃないか」と酷評した。でもモネが出てなかったら、その後の絵画はひどく退屈なものになっていたと思う。だからぼくはぼくに似たドラマをいくらうまく書く人が現れても驚かないけど、若い人の、面白いと思えない、よく分からない作品に出会うと、こいつはひょっとしたらモネかもしれないと思うんですよ（笑い）。そう思うと軽々に批判なんてできなくなる。

——宮藤官九郎《くどうかんくろう》さんは？

山田　ちょっとモネっぽいかな（笑い）。

——去年は『ラスト・フレンズ』（脚本・浅野妙子《あさのたえこ》）が新鮮でしたね。『ふぞろいの林檎たち』は不揃いながら同じフルーツ、つまり同じ性をパッケージしたドラマだったけれど、このドラマは性同一性障害者だったり、女性恐怖症の男だったりとバラバラのフルーツのパッケージなんです。そういうのを見ると、『ふぞろいの林檎たち』は長いこと日本のドラマを呪縛してきたんだなあとも思う。

山田　ぼくは見てないんですが、そういう書き手が出てくることがいいことなんですよ。自分の基準を当てはめようとは思わない。ぼくもある時代を生きてきてその限界と可能性をもっているし、次の若い人は次の限界と可能性をもっていると思うんです。「あ、モネかもしれない」は、ぼくの底辺にあるキーワードのひとつです。

——山田さんの場合、新しいドラマを書くときはアイデアが降りてくるんですか。

山田　そんな神秘的なもんじゃない。何を書いてもいいという自由に途方に暮れて、七転八倒して、だんだん絞っていく。新人のころと変わらないですよ。

——一度闇に戻す?

山田　そうですね。

——『ありふれた奇跡』も?

山田　ええ、途方に暮れてから書いています。

——一二年ぶりの連ドラはどういうスタッフと組まれるのでしょう。

山田　『星ひとつの夜』のときのスタッフで、プロデューサーが中村敏夫さん、演出が田島大輔さんです。あのドラマのときにとても丁寧につくっていただいて、それがよくて。そのスタッフで連続をやってくれるというので、この人たちとだったらやれるなと思ったんですよ。

——一月八日の第一回、楽しみにしています。

やまだ・たいち

1934年　東京都生まれ。小学校3年のとき神奈川県の湯河原に強制疎開。
1958年　早稲田大学教育学部を卒業。松竹大船撮影所に入社し、木下恵介監督に師事。
1965年　脚本家として独立。
1976年　この年から82年まで『男たちの旅路』(NHK)全13話を放映。
1977年　『岸辺のアルバム』(TBS)。70年代には倉本聰、向田邦子とともに「シナリオライター御三家」と呼ばれていた。
1983年　『早春スケッチブック』(フジテレビ)。『ふぞろいの林檎たち』(TBS)は97年まで継続する人気シリーズとなる。
1988年　小説『異人たちとの夏』で山本周五郎賞受賞。
2008年　『本当と嘘とテキーラ』(テレビ東京)が民放連賞受賞。
2009年　『ありふれた奇跡』(フジ)で12年ぶりに連続ドラマ復帰。

松本健一［評論家］

右でも左でもない「日本」を映す知性

2007年10月15日号『アエラ』

松本健一《まつもとけんいち》に三回会った。毎回彼は黒っぽいスーツを着ていた。街を歩いているサラリーマンと変わりないのだが、講演・講座のある日はその胸にポケット・チーフを控えめに挿していた。紳士である。

講座を終えた彼と新宿副都心の喫茶店に入り、話が一区切りしたところでこんな質問をぶつけてみた。

「松本さんはホモセクシャルについてどう考えてますか」。

松本は男と男の世界を描いている作家だ。「男」の見巧者といってもいい。彼の本に女の登場人物はほとんどいない。講座のときと同じ、誠実な口調で松本が話し始めた。

「E・H・ノーマンが西南戦争の西郷党はホモ集団だと書いてるんですよ。男性優位のキリスト教社会の考えではそうなる。でも日本の自然的な神様はほとんど女です。そういう女性的・自然的社会に対抗するには男は志を立てるしかない。志を同じくする同志が集まると、たしかに非常にエロティックな部分が出てきます。しかしノーマンのいうホモとはちょっと違う」。

彼の大学時代の同級生で、評論家の川本三郎《かわもとさぶろう》は松本のことをこう呼んでいた。「基本的に硬派。天下国家を論じる憂国の士なんですよ、彼は」と。

松本健一、六一歳。「平成の司馬遼太郎」とも称される売れっ子評論家である。文学、政治思想、宗教に造詣が深く、著書は多岐にわたるが、主著『評伝北一輝』(全五巻)のほかに『日本の失敗』『開国・維新(日本の近代1)』など近代の日本を論じたものが多い。いずれも「硬度」の高い本ばかり。

愛読者は幅広い。『右翼と左翼』の著者浅羽《あさば》通明《みちあき》は一九七〇年代に『北一輝論』を読み、「今でいうセカイ系の若者が明治からいたことを知って完璧にかぶれ、北と松本に同時入門」したという。一水会顧問の鈴木《すずき》邦男《くにお》は「『若き北一輝』が出たとき、やられた」と思い、「佐渡の北の墓まで墓参り」したそうだ。「北一輝は読まんから分からんが」と前置きしてから衆議院議員の仙谷《せんごく》由人《よしと》は『日本の失敗』と『日・中・韓のナショナリズム』はよく書けている」と讃え、朝日新聞・論説主幹の若宮啓文《わかみやよしぶみ》も「『日本の失敗』は一推し」と推した後、「ナショナリズムを全否定するのではなく、どう乗り越えていくかと考えるとき、アジアの根元的な一体性を論じた『泥の文明』は心に沁《し》みた」という。

『中村屋のボース』の著者・中島岳志《なかじまたけし》は『大川周明《おおかわしゅうめい》』を読んでインド独立の闘士R・B・ボースを知った。

「松本先生は根元的には政治より人間、文学を信じておられる」と三二歳の中島は語る。「だから右には左、左には右といわれるんだけど、単にファシストだからダメとはいかない。その価値観のどこまでが是認できて、どこから間違っているかを冷静に見つめている。その知性が先生の魅力」。

文章同様、松本は能弁な人だった。しかし彼が若いころから能弁だったかというと、そうとも思えなかった。二四歳で書いた彼のデビュー作『若き北一輝』（七一年）を読むかぎり、むしろ吃音《きつおん》に近い息苦しさを覚えた。その感想を素直に述べると、松本からこんな返事が返ってきた。

「うん、思想的吃音。言おうとする言葉と言っている言葉が一致しなかった。それに赤面症だったから人前に出るのが苦手で、逆に文章では非常に攻撃的になっていた。頭も悪かったんですよ。大学には頭のいい同級生がいくらでもいたし、容貌コンプレックスもあった」。

なにやら森田療法の症例集にでも載っていそうな症状の羅列だ。大学の同級生でもある仙谷由人の目に当時の松本はどう映っていたのだろう。

「紅顔の美少年だったけどなあ」といってから仙谷は続けた。「学生運動に関してはぼくも彼もかなり醒めた目で眺めていた。まったくデモに出ない学生でもなかったけどね。当時から彼は付和雷同型ではなかった。といって人前で自己主張するタイプでもないんだ。照れるんだよ、あい

撮影＝今祥雄

つ。それに何かに感情移入してるようでしてない、してないようでしているところがあった」。

北一輝は近代日本史上もっとも危険な思想家と呼ばれている人物だ。主著『日本改造法案大綱』には天皇と軍隊を直結させて戒厳令を発動し、その間に国民の天皇、独禁法、普通選挙などの国家改造を実現する構想が描かれていた。その思想と彼のカリスマ性に影響を受けた青年将校たちによる二・二六事件（三六年）が失敗すると、事件の黒幕として逮捕され、翌年銃殺。享年五四。戦後になると「右翼」「ファッショ」のレッテルを貼られ、完全に葬り去られていた。誰も「洟《はな》も引っかけない」思想家だったといっていい。

「なぜ北一輝だったのか、分からない。ただ一八～一九歳のとき北に一番強烈な光源を感じたんですよ」。

松本はそう言う。写真みたいだなと思った。一八～一九歳の松本の中ではある種の光源に感光するケミカルな資質と闇が育っていたのだろう。光に感応するカメラは闇と乳剤でできた暗い箱である。

敗戦の翌年四六年一月に松本は生まれている。育ったのは米軍キャンプのある群馬県太田市だ。「子供の三分の一が混血児の町だった」と松本は言う。父は富士重工に勤めていたが、戦前の高卒ということもあり出世街道から外れていた。高校時代に日本浪曼派の保田與重郎《やすだよじゅうろう》を耽読《たんどく》。夭折《ようせつ》に憧れるようになり、特攻隊員を身近に感じた。六四年に東大入学。保田の毒を中和しようと橋《はし》川文三《かわぶんぞう》、竹内好《たけうちよしみ》を読み漁《あさ》り、行き着いたのが北一輝だった。

夭折という言葉を六一歳の松本は何度か口にした。「若いときは夭折に憧れ、いつも美しく死にたいと思っていた。それは右翼とか左翼の問題ではない、精神の形の問題なんですよ」と。こんな風にも語った。「四、五年前、あるパーティの席でね、書家の石川九楊《いしかわきゅうよう》さんが若い編集者に『この人は夭折しなかった夭折者なんだ』と私のことを紹介された。うまいことというなあと思った」。

コンプレックスと美しい死への憧れ。おそらくこの二つは裏表の関係にあるのだが、その裏表が反転する過程を傍《はた》から見れば、「何かに感情移入してるようでしてない、してないようでしているように見えたのではないか。松本は美しい死に感光する暗い箱だった。

北一輝は写真の人だ。評伝収録の写真を見て改めてそう思った。「暗殺された宋教仁《ソンチアオレン》の葬儀にて」「二・二六事件直後、警視庁に出頭したとき」など死のニオイのする場所や日付が目に付く。右目が義眼だったせいか、見る者は微妙に視線を外され、心の在《あ》り処《か》が辿《たど》れない。しかし彼がすでに生死の向こうにいることとは分かる。静かなのだ。

当時の日本にはもう一人、写真の人がいた。昭和天皇だ。こちらの写真は写真技術の粋を凝らしたものであり、また一定の型に従い拝み見るよう義務づけられていた。しかし砂鉄のように国民の頭が同じ角度に動くとき、唯一その磁場から自由だった者がいた。北一輝だ。唯一者。「一」という数の美しさ。松本が北の遺影に見ていたロマンティックでエロティックな光である。

その光は一八～一九歳から二〇〇四年に『評伝北一輝』を語り終えるまで消えなかった。一人の死んだ男を四〇年近く追いかけるとは。声に出して「しつこいですね」というと、松本が答えた。

「ねちっこい（笑い）。ロマン主義者って本当は飽きっぽいんです。だから飽きてきたなと思うといったん離れ、何年後かに戻ってくる。するとまた違う見方ができる。そうやって何年でも何回でもねちっこくやっていけた」。

聞きようによっては色っぽい言い回しだ。評伝あとがきに松本は記している。《ある時期は北につよく反撥《はんぱつ》しながらも、結局のところ北について考えつづけたのは、やはりわたしがかれのことを愛していたからだろう》と。

一方、この四〇年は松本にとって様々なレッテルを貼られた歳月でもあった。丸山眞男や大塚久雄を批判するので全共闘のイデオローグと呼ばれた時期もあったし、右翼思想の淵源に迫る著作が多いため右翼とも呼ばれた。かと思えば一部の右翼に自宅まで押しかけられたり、ピストルを目の前に置いて糾弾されたこともあったという。

「九二年に、ある対談で『松本は死ななくちゃいかん』と発言したことがあるんですよ」と語るのは鈴木邦男だ。「『右翼は終わった』と書かれて、自分たちのすべてが否定されると思い、怖かったんでしょうね。後年謝りましたが、愚かでした。歴史に学ばず経験にしがみついていた。『評伝北一輝』は決定版でしょう。あれ以上は出ない」。

松本が「右翼は終わった」と書き始めたのは八九年だ。冷戦構造が崩壊し、左がなくなれば右もないという論法。九〇年に本島等《もとしまひとし》長崎市長が銃撃されたとき、「思想に対しては思想で論ずべき」ともっとも厳しく批判したのも彼だった。

八九年は松本にとって転機となった年である。それ以前の彼はまだ世界を摑《つか》んでいない。知人や親族など多くの死にも見舞われていた。ところがベルリンの壁が崩壊し、世界の方がひっくり返ったのだ。

九〇年に、日本には本来、覇権競争ではないナショナリズムを超える視点があり、そのメッセージを冷戦後の世界に訴えていくべきだとする論文一二〇枚を『中央公論』に発表。幕末維新を第一、大東亜戦争前後を第二、冷戦後を日本の第三の開国期と見立てる松本の論の嚆矢ともなった論文だ。かたや北一輝、隠岐島《おきのしま》コミューンなどの『伝説シリーズ』も精力的に執筆。四〇代半ばにして松本はようやく思想的吃音から抜け出ていた。

「あ、一回りしたなと思った」と語るのは浅羽通明だ。「『北一輝伝説』では北のロマンではなく、北に思い入れた〝若き松本健一〟まで見事に客観視されていた。三島のようにロマンを生き切って自決するのも一つの完結のさせ方でしょう。でも松本さんは生き延びて、松本健一による松本健一論ともいえる次の新しい世界を見せてくれた」。

第二の開国期を扱った『日本の失敗』の出版が九八年。いかに日本が無謀な戦争に突入し敗北したかを余すところなく描いた名著である。ぼくもこの本から松本の本を読み始め、止まらなくなった一人だ。そのころから松本は過去の思想史だけではなく、現在の世界史的状況に関する本も盛んに著していく。

「彼がこんな売れっ子作家になるとは思わなかった」と語るのは川本三郎だ。「八〇年代は軽やかな知性が持て囃《はや》され、なかなか彼には光が当たらなかった。生活も大変だったと思いますよ。一貫して彼が硬派の仕事をやってくれるから私は気楽に軟派路線でやってこれたんだけど、時代が一巡して昭和史をキチンと考え直そうという人たちが出てきた。時代の方が彼に近寄ってきた」。

松本を「硬派」と呼ぶ川本は、また「情」の人とも呼んだ。七一年に朝日新聞社の記者だった川本は指名手配中の犯人にシンパシーを持ち、証拠隠滅に手を貸したとして翌年逮捕。新聞社をクビになり、途方に暮れていた。

「そのとき私を一番励ましてくれたのが松本君だった」と川本は言う。「私を擁護する文章を至るところで書いてくれたし、物書きになれと雑誌も紹介してくれた。彼は『義』の人であると同時に『情』の人でもあるんですよ。そこが知性だけでやっている下の世代の論客とは全然違う。戦後生まれだけど彼は戦争の傷や痛みを知っている」。

松本の本は重くて暗い。しかし彼の描く人物像には独特の鮮度がある。松本の「暗い箱」を通過した人物たちはそれぞれの光を帯びて立ち現れるのだ。そう、どこか写真の現像に近い。ロマン主義者の光、政治的現実主義者の光、万世一系の光背……。

評伝五巻には北のライバルだった大川周明、敵だった昭和天皇、友人の中野《なかの》正剛《せいごう》、反対意見の斎藤隆夫《さいとうたかお》、幕末の佐久間象山《さくましょうざん》に後世の三島由紀夫まで登場する。いずれも松本が北からいったん離れ、本に書いている人物なのだが、彼らの光と北の光を対峙・交錯させることで、松本は昭和という時代の光と闇を浮き彫りにした。松本独自の照明法である。

今や小粒のカリスマたちが自分の「オーラ」を看板に掲げてせめぎ合い、当時の政治家の孫たちが政治を世襲し、昭和という時代も情報として消費されている。そんな光だけが点滅・浮遊する時代に松本の描く人物たちはますます凄味を帯びて闇の向こうから浮かび上がってくるのだった。

川本は松本が夭折しなかった理由について、「彼には若くして結婚し、とてもお嬢さんを可愛がっている家庭人という一面もある。そこは昔の日本浪曼派とは違う」といっていた。しかし松本が「暗い箱」をずっと保持していたことに変わりはない。それが彼の方法論でもあった。

松本はこう語っている。「私は死者に捉えられる」「死者は生者（私）を捉える、生者（私）は死者を蘇らす。それが私の方法論です」と。唐突に聞こえるかもしれないが、これは能の方法論でもある。生者（ワキ方）と死者（シテ方）が出会い、死者は生者の前で舞うことで救われる。世阿弥の流刑地・佐渡で生まれ育った北は能という芸能で世界を摑んでいたのではないか。宮崎《みやざき》滔天《とうてん》や田中角栄《たなかかくえい》の浪曲、杉山茂丸《すぎやましげまる》の浄瑠璃、三島の歌舞伎のように。ぼくは五巻本を読んでそう感じた。そう思えば北の遺影はシテ方の面《おもて》のようにも見えてくる。能は相手の生理にヒタッとくる芸能だ。

――二・二六のとき昭和天皇には北がヒタッときた感じがあったんじゃないですか。

「あったでしょうね」。

――三島はそれが羨《うらや》ましかった？

「うん。三島さんも北のそのヒタッとくるところに一番惹かれていた。動きがない中に動きのある、色のない中に色を出していく、そういう呼吸」。

「夭折しなかった夭折者」とは死者に捉えられる生者、つまりワキ方のことだろう。四〇年かけて松本は封殺されていた北をようやく舞わせたのである。あるいはこういってもいいかもしれない。北とヒタッと「情」を交わすのに松本は四〇年かかったと。

映画の話も何度か出てきた。松本は少年時代に隣町で『風と共に去りぬ』を観《み》て以来、ずっと映画館に通っている人だった。彼が上京した六〇年代半ばは裸電球に照らされ、まだ闇と光が拮抗していた。しかし七〇年前後になると電球は蛍光灯に駆逐され、闇が霧散する。が、その後も松本は映画館に通い、弁当を開くように「暗い箱」を開き、闇に浸していたのだ。何本か映画の話が続いたあと、クリント・イーストウッドの名前が出てきた。

「イーストウッド監督の知性はすごい」と松本はいう。「外に敵をつくらなくても彼らアメリカ人が一体化できる物語はアメリカの中にある。それはアイルランド移民に代表される移民の物語であり、そこにアメリカの誇りと美しさがある。そのことを彼は『ミリオンダラー・ベイビー』で描いていた」。

外に敵をつくることでナショナリズムを煽《あお》ろうとするハンチントン(『文明の衝突』の著者)の罠。その罠にはまっている世界的動向を憂慮する松本から見て、イーストウッドは同じ志の人なのだった。

「また『父親たちの星条旗』で彼は戦争の内実をとことん暴いていた。ところが日本の戦争映画は特攻隊の話を始め、すべてお涙頂戴の物語になる。日本の軍隊がいかにひどい戦争をし、兵隊がいかに非人間的な扱いを受けたか未だに描けないでいる」。

戦時中に母の胎内に生をうけ、戦後と同じ年数を生き延びてきた男はそう語った。

まつもと・けんいち

1946年1月22日　群馬県太田市生まれ。

1968年　東京大学経済学部卒業。旭硝子に約1年勤め、退職後、法政大学大学院博士課程で北一輝研究に入る。

1971年　『若き北一輝』を発表。

1983年　中国・日本語研修センター教授として北京で日本語を教える。

1994年　麗澤大学国際経済学部教授。

1995年　『近代アジア精神史の試み』でアジア・太平洋賞大賞受賞。

2001年　『開国・維新』で吉田茂賞受賞。

2002年　国際シンポジウム「9・11後のイスラム文明との対話」で総合司会及び講演。

2005年　『評伝北一輝』(全5巻)で司馬遼太郎賞、毎日出版文化賞受賞。

著書は他に『秋月悌次郎』『隠岐島コミューン伝説』『秩父コミューン伝説』『評伝斎藤隆夫』『白旗伝説』『大川周明』『竹内好「日本のアジア主義」精読』『評伝佐久間象山』『日本の失敗』『泥の文明』『三島由紀夫の二・二六事件』『司馬遼太郎の「場所」』『昭和天皇』『藤沢周平が愛した静謐な日本』など多数。日韓合同学術会議座長。

2014年 11月27日、東京都内の病院で死去。享年68。

塚本勝巳［海洋生命科学者］

ウナギを追って時空を超える全身研究者

2013年11月18日号『アエラ』

少々遠回りになるが約一億年前から話を始めよう。最も祖先的なウナギが今のボルネオ島周辺に誕生したのが一億年前だった。祖先たちはまだスエズ地峡も地中海もない海を西進し、今の大西洋まで流れ着いてヨーロッパウナギになり、一方北進したものが東アジアに辿り着いてニホンウナギになった。

日本列島では縄文人も万葉人もウナギを食べていた。そして江戸時代にウナギ文化が花開く。ほら、蒲焼の香ばしいニオイがしてきたではないか。『うなぎ百撰』編集長の堺美貴《さかいみき》によると「調味料のミリンができたのは江戸後期で、醬油とミリンの出会いによる甘辛のタレが完成してようやく蒲焼は完成した」。日本人のウナギ好きは年季が入っているのだ。ウナギの消費量は戦後高度成長期から爆発的に増え、ピーク時はシラスウナギが年に二〇〇トン超獲《と》れた。しかし乱獲などのためにここ四年で連続激減（今年は五トン程度）し、今年の二月にとうとう環境省がニホンウナギを絶滅危惧種に指定。ウナギは自分たちの一億年史のなかでも未曾有《みぞう》の、存亡の危機に瀕しているのだった。

世界一のウナギ博士・塚本勝巳《つかもとかつみ》（六五）はこう警告する。「我々は野生のシラスをとって養殖し、育ったものを食べている。つまり絶滅危惧種の野生動物を食べているのです。ウナギに対する意識を変えなきゃいけません」。

塚本がウナギ研究に本格的に乗り出したのは一九八六年だ。それまでは東京大学海洋研究所でアユ、サクラマスなどの研究をしていた。しかし同じ回遊魚でこれだけ日本人に身近な魚なのにどこで生まれ、どうやって日本に帰ってくるのかなど生態や行動に謎の多いウナギに、「気がつくとどっぷりはまっていた」。

八六年の白鳳丸第四次ウナギ産卵場調査航海では助手仲間の大竹二雄《つぐお》（現・東京大学大気海洋研教授）と番頭（航海の世話役兼雑用係）を担当。海を碁盤目状に調査するグリッドサーベイを採用し、ルソン島東方で体長四〇ミリ前後のニホンウナギのレプトケファルス（シラスになる前の扁平な体をした透明な仔魚）二一匹を採集することに成功した。七三年に台湾東方で採集されたのが五〇ミリ前後だったから大きな前進だった。仔魚が小さくなるということはそれだけ産卵場が近づいたことを意味する。

耳石（魚の内耳にある硬組織）による日齢解析法を適用して、塚本はルソン島沖で採れた仔魚が孵化後およそ八〇日経ったものであることを解明。その結果からそれまで冬と信じられていた産卵期を夏に変更し、産卵場もマリアナ諸島方面に絞り込んで九一年夏の第五次航海はスタートした。この航海から塚本は主席研究員を務めている。弟子の益田《ますだ》玲爾《れいじ》（現・京都大学准教授）、阪《さか》倉良孝《くらよしたか》（現・長崎大学教授）も同船し、馬車馬のように働いた。

予測は的中した。航海前半終了間際に「小型レプトが採れました」という報告が塚本に届いた。検査室に行くと顕微鏡から研究者が顔をあげて静かに太鼓判を押した、「ニホンウナギです」。歓声があがり、拍手が沸き起こった。「ラッキーでしたね、その瞬間に立ち会えたんですから」と当時を振り返って益田は言う。最終的には七・七ミリを含む一〇ミリ前後の小型レプトケファルスが一〇〇〇匹近く採集された。

ウナギの産卵場を世界で最初に発見したのは「海洋学界の巨人」ヨハネス・シュミット博士（一八七七～一九三三）である。博士は一〇ミリに満たないレプトケファルスが採れた大西洋のサルガッソ海をヨーロッパウナギの産卵場であると特定した。その発見は一九二二年に発表され、長らく破られていなかったのだが、この航海で塚本はシュミット博士に並んだことになる。その成果は「ニホンウナギの産卵場発見」と題され、英国の科学誌『ネイチャー』に掲載された。翌年、

順風満帆。幸運の女神はことのほか塚本に愛想が良かった。しかしそれも九一年までの話で、その後はばったり。さらに小さいプレレプトケファルス（孵化仔魚）と卵を求めて船を出しても「釣果なし」の状態が一四年も続いたのである。その間塚本は何をしていたのか。仮説作りと検

証に明け暮れていた。

阪倉は「先生の仮説にはいつも驚かされた」と言う。「将棋で言えば定跡にない手なんです」。

――誰の棋風に近い？

「羽生タイプじゃないですね」と阪倉。「先生も天才だけど努力しておられる。ただ面白がっているからそれが努力に見えないいんだけど。升田幸三に近いかも。升田も次々と定跡にない手を指して周りを唖然とさせていた」。

データから産卵日＝新月の日と予測した「新月仮説」。採った仔魚の分布やサイズから産卵場を西マリアナ海嶺にある富士山級の三海山（スルガ、アラカネなど）の海域とする「海山仮説」。さらに北から来た親ウナギは塩分フロント（潮目）を南に越えたときに産卵場到着を察知し、産卵準備に入るとする「塩分フロント仮説」も打ち出された。

九六年のシンポジウムで塚本は「新月」「海山」仮説を同時に発表している。それを聞いて感動したのが青山潤（九二年弟子入り。現・東大大気海洋研特任准教授）だ。「これは間違いない、この仮説を証明するのは自分の使命だと思った」そうだ。

――大変な「話芸」ですね。

「ええ」と青山。「話を聞きながら新月の夜、海山をバックに固まっているウナギの群れの映像が目に浮かんできましたからね」。

一九四八年に塚本は岡山県で生まれている。父は三井造船の設計技師だった。東大入学。父の影響や南国への憧れから水産学科に進むが、東大紛争まっ盛りで麻雀と空手に没頭。

「ぼんくらでした」と塚本は言う。「変わったのは海洋研の助手時代かな。同僚にイルカの研究者がいて、その人のマッドぶりに強力な影響を受けた。すべてを賭けてもいいぐらいの執着心がなかったら誰も知らない自然界の秘密を知る醍醐味は味わえないんですよ」。

——狂気？

「ですね」。

——〇八年に白鳳丸とタッグを組んだ開洋丸があっさり産卵後の親ウナギを捕獲しています。あれには嫉妬しなかったか？

「ものすごくしました。研究者にとって感情というのはとても大きい問題です。聖域とか象牙の塔とか言うけど一般の人よりドロドロしている。研究者の性です」。

塚本の三つの仮説はなかなか証明されなかった。九八年に大規模な国際共同調査が実施されたときは、潜水艇を使って海山斜面を目を皿にして執念深く探査したが、試みはことごとく失敗。二七回探査してもウナギの姿は確認できなかった。「〇一年、〇二年も海山に船をくっつけて鬼のように網を入れたけど、レプト一匹採れなかった」と青山が当時の無念を振り返る。青山は〇一年から番頭を務めていた。

〇五年六月の航海はひどい台風に見舞われた。ロスタイムを取り戻すべく白鳳丸はジグザグに北赤道海流を遡《さかのぼ》っていた。このとき初めて使われたのが深海でも網口が閉じない大型ネット「ビッグ・フィッシュ」だ。新月当日スルガ海山西方で、突然、糸くずのような五ミリ前後（最小は四・二ミリ）の仔魚たちが採集された。ただちに遺伝子解析に回され、ほどなくニホンウナギのプレレプトケファルスであることが確認された。塚本がシュミット博士の記録を超えた瞬間だった。

その後、青山と塚本はこんなやりとりをしている。青山「孵化後二日目のプレが採れました。もう産卵場探しは終わりにしていいんじゃないですか」。塚本「そうだね」。

とんでもなかった。今度は卵を求めて塚本はさらに調査航海を加速させていったのだ。しかしそうそう採れるわけがなかった。青山は後輩の渡辺俊によく話していたと言う。「ウナギの卵を人類で最初に見られたら死んでもいいや」。なにせサハラ砂漠でビーズ玉を一個探し当てるような確率なのだ。

ところが〇九年五月新月二日前の未明、西マリアナ海嶺南端部の海山域で怪しい魚卵が三個採取されたのである。遺伝子解析に回すと二個がニホンウナギのものだった。船内は騒然となり、ただちに採れた場所に引き返し、丸々二昼夜総動員で作業を続け、三一個の卵を採集することができた。夕暮れのデッキに出て、穏やかな南風に吹かれながら塚本は大竹と缶ビールで祝杯をあげた。青山は別の船にいたのでウナギ卵を最初に見た人類にはなれなかった。塚本から「青ちゃん、採れました」と無線が入った。日本にいる益田にも夜遅く電話があった。遠い海上から塚本は益田にこう伝えたそうだ。「双六《すごろく》あがり」。

撮影＝中村治

一段落したところで一つ「シンポジウム」を組んでみたい。題は「素顔の塚本勝巳」。同級生の鈴木譲《すずきゆずる》（元東京大学教授）にも参加してもらおう。

益田「負けず嫌いですね。テニスも凄い。触れないような球をガンガン打ってくる」。

大竹「コーチクラスの腕前ですよ。東大で優勝し、海洋研でも無敵だったから助手時代は女子職員の憧れの的だった」。

鈴木「大学時代はちゃらんぽらんな印象でした。ところが九一年の航海に誘われて乗ったら、あ、こいつすげえやと見方が一変した。三〇人以上の研究者を仕切るリーダーでしょ。それも命じてやらせるんじゃなく、彼のためならやろうじゃないかという感じで全員が動いている。チームプレイの面白さを学ばせてもらった」。

堺「池波正太郎ファンなんですね。池波さんの本は全部読んでおられるし、とくに『鬼平』はお好きで、ドラマもご覧になってるみたい」。

青山「理不尽なことがあって地方の研究所でぶち切れたことがあるんです。先生に電話して『全員殴り倒して帰ります』と言ったら、『分かった、気の済むようにしていい』（笑い）。その一言で我に返りました」。

阪倉「私はすぐ立ち止まって考えるタイプなんです。それをダメだと言わないで『走りながら考えるんだよ』と教わった。長崎大に行くとき『先生、走りながら考えるんでしたね』ともう一回聞いたら、『いや阪ちゃん、それは違うよ』。えっ？『まず走るんだ』（笑い）。いやあ、追いつかないです」。

「空白の一四年間」には産卵場調査とは別に大きな成果があった。世界のウナギの系統関係を明らかにしたい塚本の発案で塚本、青山、渡辺らは世界中のウナギ（現在一九種）を集めて遺伝子のデータベースを完成させたのだ。それによってウナギの系譜が一億年前まで辿《たど》れるようになったというわけだ。

そのときの命からがらの珍道中を描いたのが青山の『アフリカにょろり旅』（講談社エッセイ賞受賞）だ。経典ならぬウナギの遺伝子を求めての現代版『西遊記』とでも言おうか。爆笑冒険記である。「私は塚本組のお笑い担当ですから」と青山は言う。「普通の研究者が一生かかっても経験できないことをいろいろやらせてもらった。こんな楽しいことはない。死ぬまで私は塚本組の番頭です」。

塚本の功績について何人かの人に聞いてみた。塚本が新しい発見をするたびに「ギョギョギョギョ！」と仰天した人がいた。そう、さかなクンだ。「マリアナ海溝まで行って卵を産み、レプトケファルスになって三〇〇〇キロの長旅をして帰ってくる。先生のおかげでウナギがこんなに頑張っていて謎の多い魚だと分かったし、一般の方々の関心も深まった」とさかなクン。「先生はウナギに成りきってらっしゃるんですね、きっと。でなかったらあれほどの発見は不可能でしょう」。

鈴木紘彦（日本鰻協会会長）、湧井恭行（全国鰻蒲焼商組合連合会理事長）、三田俊介（東京鰻蒲焼

商組合理事長）は口を揃えて「先生のおかげで悲願だったウナギの完全養殖が見えてきた」と言う。養殖はシラスから育てられているが、完全養殖に成功すればシラス市場に翻弄されず、美味しい蒲焼を安定した値段で提供できる。そのためにはウナギの生活史すべての情報が必要なのであり、塚本がフィールドで得た情報は値千金なのだ。

鈴木紘彦「卵の捕獲までいってウナギの生態や行動が分かってきましたからね。後はレプトのエサさえ分かればクリアです」。

湧井「でもその成功が五年先か一〇年先か分からない。だから当面は昔通りやっていくしかないのですが、シラスの漁獲が激減した。原因は乱獲、環境問題、地球温暖化です」。

三田「シラスがキロ三〇〇万円まで高騰した。そのしわ寄せを食うのは我々蒲焼屋です」。

さらにニホンウナギが絶滅危惧種に指定され、今後ワシントン条約に引っかかるようなことになれば商売自体が成り立たなくなる。「一刻も早く完全養殖を実現してほしい」と三人は言う。

レプトケファルスが何を食べているのか、長い間謎だった。しかし観察事例が増え、プランクトンの死骸からなるマリンスノーがエサになっていることが分かり、その必須栄養成分が解明されれば、ウナギの完全養殖の早期実現も夢ではない。

「ほかにも大きな功績がある」と言うのは『生物多様性とは何か』（岩波書店）の著書がある井《い》田《だ》徹治《てつじ》（共同通信論説委員）だ。「東アジア鰻資源協議会を十数年前につくったことです。塚本さんだから日本、台湾、中国、韓国の研究者や業者もついてくるし、説得力がある」。

今年の夏、塚本は「うな丼の未来――ウナギの持続的利用は可能か」という同協議会の公開シンポジウムを開き、珍しく警告を発していた。まず天然ウナギは獲るな食べるな。「家畜はいくらでも生産できるが、野生動物であるウナギはそうはいかない。同じ一匹の命なんだから多少高くても最高の技術で美味しく、ハレの日に食べてほしい」。異種ウナギに手を出すな、とも強調。日本人は世界のウナギの七割を食べている。東アジアでの密輸も含めて何とか回してきたが、ヨーロッパウナギをすでに食べ尽くしてしまった。さらに他種を利用し始めたらそれもすぐ枯渇して国際的非難を浴びることになると手厳しい。

福島第一原発事故の影響も無視できない。今年は江戸川で放射能汚染ウナギが捕獲され、原発からの汚染水大量流出も問われている。生態系のトップにあるウナギは大丈夫なのか。

「非常に罪深い人災です」。塚本は言う。「汚染されたものは食物連鎖を伝って最後には人間に辿り着く。それを避けるにはきちんとモニターしていくしかない。ここでも天然ウナギは獲るな食べるなです。養殖ものを美味しく食べてください」。

塚本は東大退官後は日大に移り、引き続き海に出ている。あれだけ採れなかった卵もその後の航海では毎回採れているらしい。彼の仮説は証明されたと言っていい。「定跡」になったのである。

現在の彼の目標は「ウナギの産卵シーン」を見届けることだ。一二年の航海のとき〇・三秒のピンボケながら産卵前とおぼしき親ウナギの魚影がカメラに映っていた。悩ましい映像である。

その「マリアナのウッシー」に肉迫したいという思いが募っているのだ。ほとんどカメラマンの欲望である。親しいカメラマンの中村征夫はそんな塚本にこんなエールを送る。「彼ら（魚類）は我々より遥かに進んだセンサーを持っています。だからやるだけのことをやってちゃんと油断することですね。そしたら偶然が味方してくれる」。

ウナギと落語の関係は深い。志ん生の『鰻の幇間』、談志の十八番『やかん』にも登場する。「落語は人間の業の肯定である」と言ったのは、たしか談志だ。業を肯定する人の話は面白い。「人類や社会のためというよりただただ知りたい一心でやってきました。業ですよ」。期せずして塚本の口からも同じことばが出てきた。「それを許す鷹揚さが社会にないといい研究は難しい」と塚本。「ぼくの時代はまだそれが許されるギリギリの時代だったんですよ」。

——業には切りがない？

「うん。灰になるまで研究者です」。

つかもと・かつみ

1948年　岡山県玉野市生まれ。父は三井造船の設計技師。

1971年　東大紛争を尻目に麻雀と空手に明け暮れ、東京大学農学部水産学科卒業。卒論は「カレイの体色変化」の研究。

1973年　東京大学大学院農学研究科博士課程に進学。白鳳丸による第1次・2次ウナギ産卵場調査航海に参加。

1974年　東京大学海洋研究所（現・東大大気海洋研究所）に助手として着任。アユやサケの回遊現象を研究。後年、小アユと大アユの子供が世代ごとに切り替わる「スイッチング・セオリー」を米ボストンで発表。
1981年　結婚。
1986年　ウナギの産卵場調査第4次航海で番頭を務める。フィリピン東方海域で全長40ミリ前後のレプトケファルスを21匹採集。准教授就任。
1991年　第5次航海で主席研究員を務める。10ミリ前後（最小7.7ミリ）の小型レプトケファルスを958匹採集。その成果は翌年英国の『ネイチャー』誌に掲載され、世界的に注目される。
1994年　教授に就任。ウナギの系統関係を解くプロジェクトを開始。独自の「海山仮説」「新月仮説」「塩分フロント仮説」に基づき調査続行。
2005年　スルガ海山西海域で5ミリ前後（孵化後2日）の仔魚を採取。
2007年　回遊は環境からの脱出から始まるとする「脱出理論」をカナダで発表。
2009年　西マリアナ海嶺南端部で世界で初めてウナギの天然卵を採集。
2013年　東京大学大気海洋研究所を退官。日本大学生物資源科学部教授（ウナギ学）に就任。
日本水産学会賞（06年）、日本農学賞・読売農学賞（07年）、日本学士院エジンバラ公賞（12年）、第6回海洋立国推進功労者表彰（内閣総理大臣賞、13年）などを受賞。

石黒浩［ロボット工学者］

存在感をコピーする超リアルアンドロイド

2011年6月20日号『アエラ』

——人間とは何ですか。

「クソ袋です」。

——心は？

「ない」。

ほとんど禅問答である。答えているのは石黒浩《いしぐろひろし》（四七）。大阪大学大学院基礎工学研究科教授であり、ATR知能ロボティクス研究所フェローでもある。日本より欧米で広く顔を知られているロボット工学者だ。天才という人もいれば、マッドサイエンティストだという人もいる。深い縦ジワが眉間に二本刻まれている。めったに笑わないが、笑うときはその二本を眉間に残したまま笑う。怖い。しかも頭髪からシャツ、ズボン、靴まで黒一色。黒いベストがウエストを絞っている。身長一七五センチ、体重六六キロ。腹筋は硬く贅肉はほとんどない。

——黒が好きなんですね。

「というより大学生のときにそう決めた。名前を変えないのと同じです。アイデンティティはコロコロ変えないほうがいい」と一定の低い声で話す。声までなんだか黒っぽい。

——下着も黒ですか。

「すべて黒です」。

石黒の顔が一躍世界に知れ渡ったのは二〇〇六年だ。その年の七月に遠隔操作型アンドロイド「ジェミノイドHI-1」を発表。彼と生き写しのアンドロイドが動いてしゃべる映像を見て世界中が仰天した。頭部はMRIで撮影した本人の頭蓋骨のコピーであり、歯形まで同じ。本体は座ったままなのだが、多くの空圧アクチュエータ（空気駆動のピストン）を使って首、肩、手足を始め、目、頬、口もかなりの自由度で動き、息づかいまで表現する。しかも好きなだけ対話可能。室内環境に埋め込まれたセンサーを通して状況が遠隔操作者に伝わり、ネット経由で操作者の声と動きがアンドロイドによって再現されるのだ。もちろん全身黒ずくめで顔の中央には二本の線が刻まれている。「操り人形みたいなものです」。石黒は言う。電話は場所と場所を声で繋《つな》ぎ、ケータイは場所と時間を超えて人と人を声と画面で繋ぐ。「ロボットは存在をコピーする。これは遠隔地に存在感を送るケータイの次に来るメディアなんですよ」。

東芝の首席技監である土井美和子は〇二年に石黒の講演を初めて聞いたとき「キツネにつまま

れたようだった」と言う。それまでロボットといえば自律的に動くアトム型のイメージだった。「ところがロボットも外から情報をもらって動かすデバイスだとおっしゃる。変な先生だなあと思った。すぐにはわからなかったんですよ、その凄さが」。

映画『アバター』と『サロゲート』が最近公開された。分身と代理人。原理はあれと同じである。というより『サロゲート』では石黒と「ジェミノイド」が怖い顔をして仲良く並んでいる映像が紹介されていた。あの映画は石黒の考えからヒントを得たハリウッド版の思考実験と言っていい。映画がようやく彼の想像力に追いついたのだ。

「彼はマグロですよ」と言うのはATR所長の萩田紀博だ。「止まったら生きていけない。考えるのも行動に移すのもとにかく速い。どんどん突き詰めていく好奇心の塊みたいな人です」。マグロは寝ない。石黒の二四時間もほぼ「ハイパー覚醒」状態だ。就寝時もメモ帳を離さないし、クルマも飛ばす。スコーピオンズの曲をガンガン流しながらセンサーで完全武装したマイカーを猛スピードで操るので大方の同乗者は吐き気を催し、彼のクルマには二度と乗るものかと学習する。「ジェミノイド」もアンドロイドを作り始めてわずか五、六年で完成した。第一号が〇一年。彼の当時四歳の娘がモデルを務めた「リプリーR1」だ。しかし十分なアクチュエータを埋め込めず、体全体がぶるんぶるぶると震えて非常に不気味だった。

「不気味の谷」という現象がある。ロボットが動くと親しみを覚えるのに、それを人間と思って見たとたんに違いが際立ち、不気味さに襲われる。パターンとパターンの境界で対象がパター

撮影＝小暮誠

ン認識から微妙にズレたときに起きる現象だ。ＡＳＩＭＯやＡＩＢＯのような愛玩型はその谷に近づかないことで「カワイイ」を保持している。しかし石黒はその深い谷にどんどん分け入り、笑ったりしかめっ面もでき、二秒間なら人間だと騙せる成人女性型アンドロイド「リプリーＱ２」を〇五年に発表。愛知万博で大評判になった。

認知科学者や脳科学者たちと共同研究しながら人間とは何かをロボットを使って工学的に実証するのが彼の方法だ。そしてその成果をロボットに実装し、さらに人間に近づけていく。「こうしたらこうなった。なんだ人間ってこうだったのか」とファクトを積み重ねていく作業だから、先入観に縛られずに人間の情動を突き詰められるし、彼の運転同様、猛スピードで前に進める。もちろん彼の話に「車酔い」する人も多いのだが。

――心ってなかったんですか。

「うん、脳の中にはない。脳はただの機械です」。

――というと心は？

「脳と脳の間にある」。

だから社会がなければ人は人間になれないという論法だ。「相手に自分を投影して自分を理解しようとするだけの複雑な脳を持っているのが人間」とも言う。『人とロボットの秘密』の著者・堀田純司《ほったじゅんじ》はこう語る。

「欧米人や近代人は自分の中に魂や心があると実感している。だからコンピュータの中に人工知能の魂を宿らせる研究をずっとやってきたんだけど、五〇年やっても巧くいかなかった。どうやら自分たちの考えるモデルでは人間は出来ていないらしい、そう思っていたところに石黒さんのアンドロイドがドカンと登場したんですよ」。

○七年に英国Synectics社が行った「生きている天才一〇〇人」で石黒は日本人最上位の二六位に選出されている。同順位にはダライ・ラマ一四世とスピルバーグ監督がいた。

「ジェミノイド」は憑依《ひょうい》するメディアだ。対話しながら話し相手は操作者と思える体に触れることができ、操作者も触れられた感覚を持つ。つまり憑依を利用して双方の脳の間に「心」を生じさせる「操り人形」なのだ。女性が操作しても「男性」である石黒の分身に乗り移り、相手もその女性と感じる。見かけに強力に支配されているのが人間なのだが、「あるチャンネルが繋がっていれば見かけにこだわらないのも人間」「人間は絶対的なアイデンティティを持たない」と、どこまでも工学的に石黒は人間を突き詰めていく。

演劇的と言ってもいい。演者と観客双方の脳と脳の間に「心」を作りだし、ウソと知りながらそこに「本当」を見てしまうのが演劇ではなかったか。演出家の平田《ひらた》オリザは石黒とロボット演劇を上演して「近代演劇を超えたな」と思ったそうだ。「この一〇〇年、たとえば内面で悲しい状態を作ってその気持ちに乗せてセリフを言う方法が信じられてきたのですが、お客は内面のないロボットにあたかも内面があり、自発的に動いてしゃべっているように感じて感動していた」。

○九年にオーストリア・リンツの「アルスエレクトロニカ」で石黒プロジェクト展が開催され

た。企画は同館の小川秀明《おがわひであき》、絵美子《えみこ》夫妻。会場のカフェに座った「ジェミノイド」を石黒が日本からネット経由で操り、客と会話し、ヨーロッパ中で話題になった。このとき生死を表現するインスタレーションも行っている。電源を切るとアクチュエータの空気が徐々に抜け、ロボットから「魂」が移動する様がまざまざと見て取れた。「ジェミノイド」は人間の「死」まで演じたのだ。小川夫妻が語る。「人間らしさ全てをロボットに置き換えたとき人間に何が残るのかをものすごく純粋に探究している方です。芸術家か哲学者みたい」。

石黒が人間に興味を持つようになったのは中学一年のころだ。「ちょっとワル」になり、小学校教師だった父に「人の気持ちを考えなさい」と言われた。いくら考えても人の気持ちが理解できず、ショックを受けた彼はそれ以来、虫を観察するように人間を観察するようになった。生まれ育ったのは滋賀の山奥。土葬の慣習が残っていたので腐った死体をよく見かけた。一読して、内容のみならず、それが書かれていた教科書のページ数まで覚えてしまう脳を持ち、絵と工作が得意な優等生だった。愛読書は百科事典。中原中也の詩も繰り返し読んだ。

「社会で他人と区別するために獲得するのがアイデンティティです」。石黒が語る。「その個人の境界を消失させるのがエクスタシーで、たとえばセックスがそう。その両極の間で揺らいでいるのが人間です」。

——宗教もそうですね。

「うん。あれも個が消滅する」。

――ロボットは揺らぎますか？

「揺らがない。そこが決定的に人と違う」。

揺らぐから人間なのだ。しかし現代社会では死や暴力など境界そのものが日常から隠され、ネットやケータイも個の境界を消そうとしている。このまま急速な進化が進めば人間は揺らぎを失い、技術の奴隷になると言う。どうすればいいのか。

「新しい境界を見つければいい。そこは芸術の領域です。発見がある。その発見を方法化するのが技術であり、その順序は今も昔も変わらない。古い境界が消えれば必ず新しい境界が見えてくる。でも境界を知らない人にはそれは見えない」。

元々彼は絵描きになろうと思っていた人だ。山梨大学工学部に入った後は絵とバイクに明け暮れ、バイクでは数回死にかけている。麻雀は負け知らず。統計と確率を使って数カ月パチプロになっていたこともある。一日一〇分間集中するだけで月二〇万円稼いでいたが、そのうち店から出入り禁止を言い渡された。

大学三年の後半に絵に見切りをつけ、画像をコンピュータに解析・認識させる研究に邁進。その後、体を持たないコンピュータに真の認識は可能かと疑問を抱き、ロボット作りを開始。和歌山大学の教授になるころ人とロボットが共生するには見かけが重要なことに気づき、アンドロイド製作を決意し、大学の研究室で購入した市販のダッチワイフを改造して作ってみたのだが、シリコンが厚すぎて失敗。アンドロイド一号の栄誉を次の「リプリーR1」に譲ったのだった。

「マグロというよりサメですよ、彼は」と言う人がいた。〇二年に石黒を大阪大学に呼び、認知発達ロボットを共同開発している先輩教授の浅田稔《あさだみのる》だ。「とにかくナマイキなんです。黒い革ジャン着て偉そうな顔で誰だろうが食らい付いて質問するから和歌山から呼んだときは彼に抵抗する人が大勢いて大変でした。めちゃくちゃ負けず嫌いで自分を追い込んでいき、人にも金のニオイにも強い。そして超論理を使う。クルマを飛ばすのは『それだけ事故に遭うかもしれない時間が減るから、速く走れば走るほど安全なんだ』って理屈ですからね。まあ、ナマイキで天才的なヤツです」。

石黒を知る数人に「彼を天才と思うか」と聞くと浅田同様、ほぼ肯定的な答えが返ってきた。分かれたのは「マッドと思うか」に対する返答だ。開一夫《ひらきかずお》（東京大学工学博士）は「自己プロデュースが上手《うま》い。並みの大学教授にできることではない」と褒め、高橋智隆《たかはしともたか》（ロボットクリエーター）も「演出でしょう。ただあのカリスマ性には学ぶべきところが多い」と一目置き、平田オリザは「ロボットより彼を観察していた方がずっと面白い」。また大和信夫《やまとのぶお》（石黒が顧問を務めるヴイストン社社長）は「じつはとても温厚な方なんです」と教えてくれたが、堀田純司は「でも根っこはマッドでしょう」とマッド説。自分と他人の間に「心」があるとする石黒説に従えば、「どれか」ではなく「どれも」石黒浩ということになる。

「神は信じないが、人間は実験動物的だと思う」。石黒は言う。「モルモットとして生きる価値はあるのか。たぶんない。でも人間とは何かと問い続けることはできる。それさえ宇宙的に見たら無だけど、それをしないともっと何もない。根本的には破滅主義者ですね、ぼくは。でも後悔はしてない」。

堀田は石黒を代表とする日本のロボット研究陣には「空」の思想があると言っていた。色即是空の「空」である。「A＝A、A≠A」の同一性（アイデンティティ）原理を大前提にした西洋文明の堅い論理展開ではなく、否定を媒介にして肯定を発見する直感的な論理世界だ。速い。とすれば石黒が帯びているスピードも案外、「即」の速さに自分を追い込む彼流の「禅」なのかもしれない。

萩田は「ジェミノイドは石黒さんの即身仏ですよ」と話していた。「しかも動いてしゃべる。人の一生の情報はチップ一枚に収まるから後世の社会科の授業はあれでやることになるでしょう。つまりジェミノイドはタイムマシンでもあるんですね。ぼくらの考えは輪廻思想を受け容れる仏教に近い」。

石黒がロボット研究に没頭していた九〇年代半ばはオウム教団が世間を騒がせていた時期だ。多くの理系エリートが出家していることでも話題になった。石黒はオウム事件を「非常に興味深く眺めていた」と言う。「境界を知らない人は揺らぎを恐れて両極のどっちかに安住の地を求める。大した教祖じゃないのに暴力的に場を与えられればインテリも機械になり、いっぺんに意見が流れてしまう。今の世相と似ている。ぼくがやっているのは境界にとどまってもがき苦しむ宗教なんですよ」。

リンツでは何度死んでも眉間に二本の線が残り、石黒の分身の愁眉は開かれることがなかった。観客はそこに、ニヒリズムに徹し、耐え難い「輪廻」を受け容れろと語った、あの「ツァラトゥストラ」の姿を見たのではないだろうか。

そして去年（二〇一〇年）「テレノイドR１」を発表。「ジェミノイド」とは逆に人間としての最小限の要素のみで設計した身長八〇センチの遠隔対話型ロボットだ。性別・年齢がなく、埴輪、クリオネ、抱き枕のようにも見える。目、口、首が動き、目を入り口にして乗り移る二一世紀型の「よりしろ」だ。今年三月にはその携帯版「エルフォイド」を発表。さらに目と口も削り、ウレタンゲルのモチ肌触感に人間らしさを託している。「ホラホラ、これが僕の骨だ」と「不気味の谷」から詠んだのは中原中也だったが、「ホラホラ、これが人間でしょ」と石黒が挑発しているようにも思える。

取材中、アラブ各国で政変が続いた。ネットが普及し、メディアの新しい境界が社会の境界を更新しているのだ。人類史上破格なメディアの革命期である。二〇年前にネットやケータイがこれほど普及するとは誰も予想していなかった。今後の社会つまり人間の「心」を占う上でも、石黒のロボットたちがどう化けるのか、目が離せない。今では石黒の理解者の一人である土井は「ロボットは触れながら情報交換できる究極のインターフェースです。近い将来介護や教育などに欠かせないメディアになります」と断言し、大和は「先生の言ってることは二〇年早いですからね。商売的には宝の山です」と太鼓判を押していた。

久しぶりに会った石黒はさらに贅肉を落としていた。「絞りましたね」と言うと、こんな返事が返ってきた。「年を取らないジェミノイドと張り合ってるんですよ。『最近ジェミノイドと似てきましたね』とよく言われるし、向こうにアイデンティティを全部持って行かれた。何もかも持って行かれた裸の人間はただのクソ袋ですから」。

皮膚の張りを出すためにヒアルロン酸を注入する美容整形も最近施したらしい。操り人形だった「A´」にオリジナルの「A」が操られているのだ。その「A」にも例の質問をぶつけてみた。

——自分を天才と思うか、それともマッド?

「ぼくはいたって標準的な人間ですよ」。

「A」は笑いながら答えたつもりなのだが、頬が微妙に引きつり不気味だった。たぶん頬の「アクチュエータ」が十分には機能していないのだろう。

いしぐろ・ひろし
1963年　滋賀県生まれ。
1986年　山梨大学工学部計算機科学科卒業。
1991年　大阪大学大学院基礎工学研究科博士課程物理系専攻修了。視覚移動ロボットの研究（92年まで）。
1992年　大阪大学基礎工学部システム工学科助手。能動視覚、全方位視覚、視覚移動ロボットの研究（94年まで）。
1994年　京都大学大学院工学研究科情報工学専攻助教授。分散視覚、全方位視覚、日常活動型ロボットの研究（2000年まで）。

1998年　京都大学大学院情報学研究科社会情報学専攻助教授。カリフォルニア大学サンディエゴ校客員研究員（99年3月まで）。
1999年　ATR客員研究員（ロボット研究グループのリーダー）。科学技術振興事業団（現科学技術振興機構）さきがけ21研究員（知覚情報基盤の研究、02年9月まで）。
2000年　和歌山大学システム工学部情報通信システム学科助教授。アンドロイド、日常活動型ロボット、知覚情報基盤の研究（現在まで）。ヴィストン（株）取締役総理事（産学協同を目指したベンチャー企業の創設。02年から最高技術顧問）。
2001年　和歌山大学システム工学部情報通信システム学科教授。第1号アンドロイド「リプリーR1」を発表。
2003年　大阪大学大学院工学研究科知能・機能創成工学専攻教授。ATR第二研究室客員室長。
2005年　成人女性型アンドロイド「リプリーQ2」発表。
2006年　遠隔操作型アンドロイド「ジェミノイドHI-1」発表。
2007年　「生きている天才100人」ランキング（英国Synectics社選出）で日本人最上位の26位に選出。
2008年　ロボット演劇『働く私』上演。「ジェミノイド」と「リプリーQ2」がギネスに認定。認定内容は「初の実物そっくりなアンドロイド」。「ロボカップ2008中国蘇州世界大会」のサッカー競技ヒューマノイドリーグにおいて彼の参加する「チーム大阪」が5連覇を達成。
2009年　大阪大学大学院基礎工学研究科システム創成専攻教授。オーストリア・リンツの「アルスエレクトロニカ」で石黒プロジェクト展開催。
2010年　ATRフェロー。遠隔操作型アンドロイド「ジェミノイドF」、遠隔対話型ロボット「テレノイドR1」を発表。ロボット演劇『森の奥』、アンドロイド演劇『さようなら』上演。
2011年　遠隔対話型ロボット掌サイズ「エルフォイド」を発表。

三遊亭円楽［落語家］

「二月の『芝浜』に引退をかけます」

2007年2月16日号『週刊朝日』

『笑点』の司会を二三年間務めてきた円楽《えんらく》師匠が突然、脳梗塞で倒れたのは〇五年一〇月だった。五カ月にわたって番組を離れ、昨年三月に冒頭のあいさつに復帰したものの、五月には番組から降板した。その後の師匠の様子が気になっている人は多いだろう。年があけて取材の許しが出たのでお宅に伺った。

――今の体調はいかがですか。

円楽　血圧が低くて倒れたんですが、最近は一二〇ぐらい。でも低いときは七〇から八〇。上がですよ。下は一〇から二〇。そうなるとあくびが出て眠くなり、眠っちゃうと仮死状態になる。私の場合、一昨年の一〇月に倒れたときは軽い脳梗塞ですんだんですが、医者には今度倒れたら最後だといわれています。

後遺症といえば、今もたまに固有名詞が出てこなくなります。人工透析にも週三日行ってますから、けっこう毎日やることはある。透析を受けないと、水分が目にきてそれでおしまいなんだそうです。

――でも、お話をしていると、病人ということをつい忘れてしまう。

円楽 ふだん話してるぶんには問題ないんです。でも高座となると話は別。つい最近、イイノホール（東京・霞が関）で『出世の鼻』という噺《はなし》をしたんですが、肺活量が落ちて声が出なかった。七〇〇人のホールということもあったのですが、絶望しました。

それから年取って一番つらいのが歯。ガタガタですからね。咄《はな》してる最中に入れ歯が抜けたこともあった。

――で、どうしたんですか。

円楽 慌てて手ぬぐいで押さえて、「これでようやく歯ナシカになれました」（笑い）。

――『笑点』では、メンバーにどんどん突っ込ませて、いじられっぱなしの円楽さんの司会は秀逸でした。権威がありそうで、ないところ。うまく殺気を消してるなーと思ったものです。

円楽 でもね、三、四年前から、『笑点』の大喜利で三問あるところを二問で「これでおしまい」といったことが何回かあって。そんなことが重なると、「これはシャレじゃすまないぞ」と思う。四〇周年記念という切りのいいところで、司会を降ろさせてもらいました。

――後任の桂歌丸《うたまる》さんから相談の電話はないですか。

円楽　こないだ電話で、「私もとうとう歯を入れるようになっちゃった」といってました。番組のスタート時はまだ二つ目で二〇代だったのにね。でも歌ちゃんのは私のと違って歯茎にグッと入れるインプラントというやつだから大丈夫。安心して見ていられます。保証します（笑い）。

――今は毎日が闘病生活ですか？

円楽　いや、闘病中という意識はまったくありません。リハビリで歩くこともないし。だいたい家にいて稽古したり、映画観たり、本読んでます。昨夜はセオドア・ドライサー原作の映画『陽のあたる場所』を観ました。湖で殺されるシェリー・ウィンタースの演技は何度観ても素晴らしい。

本は司馬遼太郎さんをほとんど読みました。好きなのはやっぱり『坂の上の雲』かな。秋山真之と正岡子規の付き合いがいい。

――子規と夏目漱石はよく寄席に通ったようですね。

円楽　そうなんです。子規に送った漱石の手紙には噺家のことが書いてあるし、一人芸にほれると漫才や芝居みたいな芸がつまらなくなるといったような文章も残しています。漱石の小説には落語の「間」があります。とくに『坊っちゃん』はそう。漱石は三代目柳家小さんと三遊亭円《えん》朝《ちょう》を贔屓《ひいき》にしていました。

『笑点』を引退した円楽師匠だが、高座には徐々に復帰している。昨年一〇月、笑福亭鶴瓶《つるべい》主宰の「無学の会」で、ほぼ一年ぶりに高座に上がり、『紺屋高尾』（染め物職人が遊女の高尾太夫に惚れる噺）を演じた。また、今年一月には前出のイイノホールでも口演した。

円楽　『紺屋高尾』をやったときは、いちおう高座の声が出たというか、入って七五人の小さなホールだから、ふだんしゃべるように話せました。

——ハコによって違うものなんですね。

円楽　違います。落語には三〇〇人ぐらいのハコがちょうどいい。ただね、そのときマクラに振ろうと思っていた原節子《はらせつこ》さんの名前が出てこなかった。「忘れました」というと、みなさん私が脳梗塞やったのを知っているから笑ってくださって、それで幾分ホッとして続けることができた。

——高尾太夫は遊廓の大スターです。昭和一桁生まれの円楽さんは廓《くるわ》には間に合ったんじゃないですか。売春防止法施行が一九五八（昭和三三）年ですから。

円楽　行きました。

——いくつのとき？

円楽　一九歳。

——てことは筆おろし？

円楽　おろしました（笑い）。最初、吉原に行ったんですよ。ところが入ったところのオヤジがうちの檀家だった。うちは家がお寺ですから。そのオヤジに逆に説教されて。「いけませんよ、こんなとこに来ちゃ」（笑い）。

しょうがないから檀家のいない玉の井（現・墨田区北部）に行った。「住吉」という店でしたが、私の相手は売防法反対派の頭で、わりと学問のある女性でした。

通いましたよ。前座の給金三〇〇円の入った茶封筒もそのまま渡して入り浸り。いよいよ廓がなくなるってときは、お別れに半襟を買って渡しました。すると彼女がいうんです。「私にもお土産があるの。うちに帰ってから開けて。私は甲府に帰って結婚するから、立派な噺家になってね」。

帰って包みを開けると、私の渡した茶封筒が手つかずのままそっくり入っていた。私はその金で羽織を買い、鈴本の高座にそれを着て出ました。そして『鰻屋』を噺していたら、後ろのほうにそれらしき人がいたんですよ。噺が終わり、すぐ駆けていった。でももうその人はいませんでした。

——やはり噺家はモテないといけませんか？

円楽　でなかったら、まず売れっ子になれません。それにモテるから一層粋にしようと心がけるわけだし、芸もどんどん磨かれていく。あの（林家）三平《さんぺい》さんだってモテていた。

（桂）文楽師匠は芸者遊び。言ってましたよ、「芸者遊びなら私は殿様だったが、廓に行くと（三遊亭）円歌さんが殿様で私は権助だった」。芸者衆のモテ方はまた別なんですね。

——円生師匠は?

円楽　筆おろしは廓なんですって。ところがそこで病気をうつされ、それに懲りて二度と行かなくなった。

そのかわり未亡人とか、相手は四六時中変わっていました。私が前座のときは一〇本の指じゃきかなかった。師匠はおかみさんを妬《や》かせるのが噺家の勲章みたいに思っているところがありましてね、だからのべつ夫婦喧嘩しているんですが、そのやりとりを自分の噺にずいぶん使っていた。ここまで観察するのか、すごいなーと思ったものです。

まあ、師匠はそっち方面で忙しいので、私は他の師匠のところへばっかり稽古に行ってました。(古今亭)志ん生《しょう》師匠、文楽《ぶんらく》師匠、(林家)正蔵《しょうぞう》師匠……。そのおかげですよ、私が師匠の真似じゃない自分なりの噺ができるようになったのは。

——志ん生さんの稽古はどうでした?

円楽　師匠の噺を聞いてると登場人物の女の名前が途中一〇回ぐらい変わるんです。それを指摘すると、「いいんだよ、女に変わりないんだから」(笑い)。

——当時は目利き、耳巧者も多かったんでしょうね。

円楽　第一生命ホールで若手落語会を企画した湯浅喜久治さん。前座の私や(立川)談志《だんし》、(古今亭)志ん朝なんかを起用してくれた方です。英国製の背広にフランス製のネクタイ、イタリア製の靴と、寸分スキのないひとだったので、あれはきっと御公家さんか何かの出だよってみんなで噂していたのですが、実際は文房具屋の倅《せがれ》だということが分かった（笑い）。でも大変な目利きでした。彼の選んだ若手噺家は後にみんな花開きましたからね。

人形町の「末広」ではこんなこともありました。いつも一番前に座ってニコニコ笑っている初老のお客さんがいたんです。たまたまトイレでいっしょになったので挨拶すると、「あなたは『かつお』といわず『かつぅ』と発音してましたね。江戸弁ですよ。ああいう言葉は大切にしてください」。

後日新聞を見たら、そのおじいさんの写真が載っていて、朝永振一郎博士だった。驚きました。後にも先にもノーベル賞受賞者と連れションしたのはあのときだけです（笑い）。

そんなこともあるから高座は気が抜けないんですよ。マクラもいろいろ工夫しました。『目黒のさんま』では高橋是清《たかはしこれきよ》をマクラにしたり。

――二・二六事件のとき青年将校に殺された政友会の大物政治家です。

円楽　事件のとき、下帯一本の寝間着姿だったので、さすがに将校たちも無礼だと思い、たんすから着物を取り出して、「高橋、これ着よ」と差し出した（笑い）。そして重臣たちが何人も殺されたという報告を受けて、陛下の顔が真っ青になってよろけられた。「陛下、どうなさいました？」「朕《ちん》は重心を失った」（笑い）。

円楽師匠は談志、歌丸らと『笑点』の初代レギュラーとなり、「湯上がりの男」「星の王子様」

といったキャッチフレーズで人気者になった。そのきっかけは、映画館で『笑点』のプロデューサーと出会ったことだった。

円楽　よく上野日活に行って映画を観てたんです。そしたらある日、映画の休憩中に芝居をやってくれと頼まれた。うちの寺から袈裟やら木魚やらもってきてワイワイやってたら、それが受けたんですね。それをたまたま東大仏文卒の小里（光）さんというプロデューサーが見ていて、「テレビで何かやってくれ」と言ってきた。そのとき私は三〇過ぎでした。

大喜利の罰ゲームでは、牢名主が積み上げる牢屋の畳じゃ重いし、じゃあってことで座布団にした。それだけのことなんです、発端は。大喜利にしたのも、落語じゃ途中でCMを入れられないけど、あれなら大丈夫だろうということでした。

私としてはそこに黙って座っているだけ。ただ毎回自己紹介しなくちゃいけない。そこでとっさに「湯上がりの男です」といったら、それが評判になった。何のことはない、玉の井の廓に初めて行ったとき、緊張のあまり汗だくになっている私を見て彼女がいったんですよ、「湯上がりみたい」。そこから頂戴したキャッチフレーズでした。

それから、女学生たちが電車の中で一冊の本を巡って騒いでいた。その本が『星の王子さま』だったんですね。そのまんまテレビでいったら、これがまた受けた。『紅白』でも王子様のかっこうで出て、「私はどうしてこんな美男に生まれたのだろう」（笑い）とやったら大ブレイク。

実際はそのころモテてなくて、ヤケッパチ半分でやったようなものなんですけどね。でもあのキザな王子様にもモデルはなくはなかった。近所の大金持ちの息子。戦後だってえのに「若旦那どこへ」「ちょいと遊廓へ」を地でやってるようなキザな男なんですよ。よし、あいつを真似しようと。

そうやって始まった『笑点』が、いつの間にかあの番組に出なかったら噺家じゃないといわれるまでに育ったんだから、分からないものです。

──円楽さんはテレビ以外でも話題を提供していた。七八年には円生師匠とともに落語協会を脱退。真打ち乱造に異を唱えての脱退といわれています。

円楽　それは表向きの理由。じつは師匠が円生を襲名するとき、（協会で力を持っていた）林家（正蔵）に「名前を変えりゃ売れるってもんじゃないよ」といわれたらしいんです。まあ簡単にいえば、それをずっと根にもっての騒動でした。そんなことは公にはいえませんよ、ばかばかしくて。

──でもその根を引っこ抜いたら円生師匠の芸も枯れたかもしれませんね。

円楽　そうかもしれません。師匠と林家はネタが競合していましたから。いつも二人は比較されていた。

──そのころの円楽さんは脂がのってますね。当時収録した『浜野矩随《のりゆき》』『中村仲蔵《なかぞう》』『文七元結《もっとい》』などの人情噺を聞いて圧倒されました。泣きと笑いが渾然となって、ポンとサゲがあり、それこそ湯上がりみたいなホカホカした余韻が残る。

円楽　残るでしょ。そういう噺が私は好きなんです。

そういえば師匠が亡くなる当日の朝方、師匠と二人でお茶を飲みながら『文七元結』の話になった。娘を吉原に売ってこさえた五〇両を、身投げしようとしている見ず知らずの男に逡巡なしにやれるものかどうかという、相変わらずの問答です。それから数時間後、呼ばれていった習志野で、師匠は心筋梗塞で亡くなった。あっけないもんです。

――いろんな名人たちと間近に接してこられた円楽さんから見て、いま天才を感じる噺家はいますか。

円楽　前は志《し》ん朝《ちょう》。今だったら（春風亭）小朝《こあさ》でしょう。談志もそうかなと思ってましたが、年取ってからダメですね。

小朝は芸はもちろん、企画力、指導力もある。二一世紀は彼のものです。ただ彼は三六人抜いて真打ち昇進したでしょ。抜かれた三六人は腹が立ってしょうがないんです。その連中が年功序列で落語協会の理事になっているから始末に負えない。排他的になって凝り固まっている。小朝くんをもり立てていかなかったら、落語界の将来はありません。

円楽師匠はきたる二月二五日、東京の国立演芸場での国立名人会で『芝浜』を演じる。酒好きの魚屋が浜辺で大金の入った財布を拾って始まる、夫婦の愛情を描いた大ネタだ。覚悟のほどを聞いてみた。

円楽　熟年離婚が騒がれている時代に、あえて『芝浜』をやってみようと。不安がないといえばウソになります。人物描写がちゃんとできること。それから自分の納得のいく「間」ができて、終わりがキチッとお客さんに分かってもらえること。その基準をクリアできなかったら、「引退」も考えています。定年はないけど、引退はあるわけですから。円生師匠は晩年に歌舞伎座でやったとき、「間」がおかしかった。二〇〇〇人のハコだということもあるんですが、大嫌いだった林家のように間延びしていた。いくら名前があっても、あれではお客さんは満足しなかったと思います。

——国立演芸場は三〇〇席。ちょうどいいハコです。

円楽　そうなんですよ。ハコのせいにはできません。

さんゆうてい・えんらく

1933年　浅草の易行院住職の四男として生まれる。
1955年　六代目三遊亭円生に入門。
1962年　29歳の若さで真打ち昇進、五代目円楽を襲名。
1966年　この年始まった『笑点』（日本テレビ）の初代レギュラーになる。
1978年　円生らと落語協会を脱退。翌年、円生死去。
1980年　円楽一門で新たに「大日本落語すみれ会」を設立。同会はその後「落語円楽党」「落語ベアーズ」と次々に改称し、「円楽一門会」に落ち着く。

1983年　この年から『笑点』の司会を務める。

1985年　私財を投げ打って江東区に寄席「若竹」を開館。89年に経営難のため閉館。

2005年　脳梗塞で入院。

2006年　『笑点』を勇退。

2007年　2月25日、国立演芸場で『芝浜』を口演後、現役引退を表明。

2009年　転移性肺癌により逝去。享年76。

串田和美［俳優・演出家・舞台美術家］

演劇を異化する無冠の帝王

2013年7月22日号『アエラ』

小日向文世《こひなたふみよ》、柄本明《えもとあきら》、佐藤B作《さとうびーさく》、笹野高史《ささのたかし》、朝比奈尚行《あさひななおゆき》、扇田昭彦《せんだあきひこ》、明緒《あきお》、そして串田和美《くしだかずよし》（七〇）。今回の登場人物である。

串田を語るにはさらに吉田日出子、十八代目中村勘三郎に入ってもらうといいのだが、吉田は体調が悪く、勘三郎は昨年末に亡くなった。笹野によると、生前の勘三郎は串田を「無冠の帝王」「日本一の演出家」と呼んでいたらしい。小劇場の作品としては画期的なヒット作『上海バンスキング』を自由劇場で立ち上げ、また勘三郎とコクーン歌舞伎、平成中村座を作ってきた演出家である。

串田はこう言い切る、「この五〇年、楽しさだけで芝居をやってきました」。

五〇年前といえば彼が千田是也のいる俳優座養成所に入ったころだ。千田はブレヒトの日本への紹介者でもある。そこを卒業した佐藤信、串田、吉田、斎藤憐《さいとうりん》らは一九六六年に自由劇場を結成。六本木のビルの地下を改造した「アンダーグラウンド自由劇場」を拠点にした劇団だった。六八年に二つの劇団と合体して革命のための演劇を目指し、七〇年から黒テントによる全国移動公演を敢行。政治のための演劇と距離を置いていた串田は結局脱退し、六本木の小劇場に戻り、吉田とともに新しい自由劇場を作ろうと再出発した。

まもなく多種多様な「シロウト」たちが集まってきた。笹野高史もその一人だ。以前裏方として自由劇場に出入りしていた彼はその後船乗りになっていたが、串田にまたやらないかと誘われ、「じゃ俳優でやらしてください」と志願。「え、俳優やりたかったの?」「ええ実は」「いいよ」。その場で採用された。

「映画俳優に憧れていたんです」と笹野。「でも芝居の『し』の字も知らなかった。『シェイクスピア? 何ですか、それ』って言ってたんですから。串田さんと吉田さんに叱られ泣かされながら、でも人を笑わせたくて変なことばっかりやっていた。浅草のニオイがしたんでしょう、『お前、浅草行けよ』ってよく言われました」。

ズーズー弁の男もいた。男は試験に落ちたのに翌日誰よりも早く来て劇団の掃除をしていた。その翌日もそう。ま、いいかと試しに即興をやらせたら、めちゃくちゃおかしかった。佐藤B作である。「飲ませてもらったり冷蔵庫もらったり、串田さんにはずいぶんお世話になった」とB作。「初舞台は阿呆劇『マクベス』(七二年)の門番役。すでにそのころから彼は役者に楽器をやらせようとしてましたね。トランペットにトロンボーンといろいろツテを頼って調達しました」。

草月会館で稽古をしていたとき、何とも摑《つか》み所のない顔をした裏方がいた。「面白い顔だなあ、芝居やらないかな」と串田が呟いたので、吉田が「芝居やらない？」と声をかけると、ボソッと「やりたいです」。それが柄本明だった。

「『マクベス12』（七五年）で笹野と即興のコントみたいなのをやったんです」と柄本。「捕まった泥棒二人が護送車の中で、お前のせいだと罵倒し合うんだけど、それがお客に受けた。そんときですね、もしかしたらオレ、この仕事続けるのかなと思ったのは」。

串田は新しい自由劇場（七五年に「オンシアター自由劇場」に正式改名）で何をやろうとしていたのか。六九〜七〇年の約半年間、彼は洋行している。とくに冷戦まっただ中の東ベルリン滞在は得るものが多かったようだ。すでにブレヒトは死んでいたが、彼に近い人たちが上演する『三文オペラ』を見ることができた。

「理屈抜きに面白かった」と串田は言う。「当時の日本ではブレヒトと言えば彼の政治的な側面だけが紹介されていたんだけど、ものすごく色っぽくて、彼の女好き、芝居好きがちゃんと伝わってくる舞台だった。やっぱりそうだったかとホッとしました」。

帰国後の串田は政治でも文学でもない、笑いあり音楽あり、つまり何でもありの演劇本来の「楽しさ」を模索していたのだった。それまでは一俳優だったが、以後演出・美術も手がけた。

笹野「変わった人間ばっかり集めて串田さんは試行錯誤していた。それが面白くて面白くて。だから辞めずについていけた」。

B作「朝比奈尚行さんやイッセー尾形《おがた》もいた」。

柄本「坂本龍一《さかもとりゅういち》もいたなあ」。

B作「ぼくは笑いが前面に出るお笑いをやりたかったし、一日も早く稼げる俳優になりたかったから東京ヴォードヴィルショーを結成（七三年）した」。

柄本「串田さんの世界観は我々には大きすぎたんですよ。日本人と世界人みたいな差を感じた。もう少し自分の手に入る場所で泥臭いものをやろうと思って東京乾電池（七六年）を始めた」。

笹野「串田さんに褒められたことは一度もなかったけど、誰かに『こいつ何にも知らないけど愛嬌があるんだよ』って言ってたんですね。愛嬌？　その言葉がずっとぼくの支えになり、課題になった」。

柄本と入れ替わるように入ってきたのが小日向文世だった。吉田日出子の演技を見て突然芝居をやろうと思い立ち、自由劇場の門を叩いた元カメラ青年だ。彼は劇団が解散する九六年まで一九年間在籍していた。

「ぼくにとっては串田さんが演劇の父で、母が吉田さんなんです」と小日向。「とにかく二人の目が怖かった。すべて見透かされてましたからね。よく『役を俯瞰しろ』と言われた。役に陶酔するんじゃなく醒めた部分が大事だと。芝居のことはすべて串田さんから教わった。恩師ですよ。まあ女にはちょっとだらしない面があったけど」。

――そこもブレヒトにあやかったのでは？

「はは。劇中の音楽はブレヒトの影響ですね。ずいぶん練習しました」。

『上海バンスキング』（斎藤憐作、串田演出・美術）の初演は七九年だ。昭和初期の魔都・上海。列強のパワーバランスの上で仮初《かりそ》めの自由を謳歌するジャズマンたち。バブル前後の日本人もどこかでその仮初め気分を共有していたのだろう。九四年のラスト公演までに四三五回という、小劇場演劇としては歴史的な公演回数を記録した。

吉田の歌は川畑文子、笹野のトランペットは南里文雄、串田のクラリネットはベニー・グッドマンがモデルだったようだが、ミュージシャンにはない味わいがあった。「俳優の演奏ですよ」。笹野は言う。「格好から入っていく。正確に吹けなくても気分は一流、ハートだけは本物でやっていこうというのが串田さんの教えです」。

ふつう新劇では自分を消して役に成りきるのを良しとする。が、串田はそんな陶酔を役者に許さない。自分を手放さずにその役に見せるのが役者の工夫だ。歌舞伎役者は自分の屋号を呼ばれながら平気で芝居の役を演じる。自分と役を同時に見せるのを「芸」というなら、串田の演技法は案外「芸」に近いのかもしれない。

「実際に勘三郎（当時は勘九郎）さんとやってみて距離の取り方とか、ものすごい近いものを感じましたね」。九四年にコクーン歌舞伎を始めたときの串田の実感である。「向こうもそう思ったみたい」。

勘三郎をコクーン歌舞伎に巻き込んだのは当時シアターコクーンの芸術監督だった串田だ。一〇代のころの勘三郎が自由劇場や状況劇場などの「アングラ演劇」に足を運んでいたことを知っていたので、話は通じると直感し、口説いたのだった。通じた。劇場をすっかり気に入った勘三郎からあわただしく電話がかかってきた。「ぼく、出ますよ!」。

串田の歌舞伎との距離の取り方は絶妙だ。自分を「歌舞伎国の異邦人」と呼び、けっして「通」を演じない。だから歌舞伎に対する素朴な違和感を保持し面白がることができる。ブレヒトに「異化」という言葉がある。ありふれたものを奇異なものに見せる効果のことだが、早い話がこの異邦人の目を持つということだろう。その目でテキストを読み直すところから串田は始めている。

ストーリーも単純な勧善懲悪ではない。人間の複雑さ、残酷さ、愚かさがとことん描かれている。その最たる人物がアナーキーな破戒坊主『法界坊《ほうかいぼう》』だ。串田はその危険で複雑なイメージを勘三郎に伝えようと人形を作った。継《つ》ぎ接《は》ぎだらけで大小違うボタンの斜視にチャックの口の、魔界の生き物のような人形。楽屋を訪ねて「はい、法界坊だよ」と手渡すと、ジーッと見て「こういうふうにやれってこと? 分かった」。二人の打ち合わせはいつもそんな感じだった。それで十分通じた。

そして串田は古典芸能の「敷居」を取っ払い、舞台のワク組みを観客が体感できるようにした。役者は舞台上だけではなく客席を徘徊したり、芝居の最中に「水に濡れないようにポンチョを用

撮影＝白谷達也

意してください」と説明してワクの決壊を予告したり、最後はカーテンコールで舞台と客席のワクをほどいてみせ、『夏祭浪花鑑』では大黒幕をまくってワクの外、つまり劇場の外まで見せてワクの所在を際立たせていた。

夢と現実、日常と非日常、「あっち」と「こっち」の、それこそ認識のワク組みを変換させる串田の手品なのだが、そのワクの一つ一つに役者の立つ瀬はあるのだろう。感情たっぷりに客を泣かせていたかと思うと、ワクをひょいと外れて地口を言って客を沸かせたり、勘三郎の肉体はワクからワクへ疾走して劇場そのものを揺さぶっていた。

音楽も効いていた。「串田さんにはずいぶん鷹揚に実験的なことをやらせてもらった」と音楽担当の朝比奈は言う。『三人吉三』では石野卓球のテクノ音楽、『桜姫』では下座《げざ》音楽のサンプリング、『四谷怪談』のお岩髪梳きのシーンには逆に明るい8ビートをぶつけてみたり。それでもちゃんと歌舞伎だと思わせるところは朝比奈の手柄である。

笹野が本格的にコクーン歌舞伎に加わったのは『夏祭』再演のときからだ。演じたのは泥場で団七《だんしち》(勘三郎)に殺される因業オヤジの義平次。これが当たった。勘三郎がもう義平次は笹野でなくちゃイヤだと言うぐらい笹野の義平次はイヤな男だった。以来、彼はコクーン歌舞伎には欠かせない俳優になった。今では彼自身が現代演劇と歌舞伎を繋《つな》ぐ一つの舞台効果になっていると言ってもいい。「偏屈な男だけど」と串田が褒める。「人間の一筋縄ではいかない複雑さを、ぼくがやってほしいように上手《うま》く演じてくれています」。

勘三郎の楽屋には父・十七代目勘三郎と祖父・六代目菊五郎の写真が置いてある。それを真似て笹野の楽屋にも先祖の写真が飾ってあるらしい。自ら鞍馬天狗のような扮装をして撮ったコスプレ写真だ。屋号は淡路島出身だから淡路屋。「相手をバカにしてるとも敬っているともとれるでしょ」と串田が笑う。「道化ってそうやって打ち首にならないようにいつも綱渡りしているんですよ」。なるほど、首を賭けての愛嬌か。

勘三郎が亡くなって半年が過ぎた。串田が彼と最後に言葉を交わしたのは『天日坊』（演出／美術・串田、脚本・宮藤官九郎）がまつもと市民芸術館で千秋楽を迎えた去年（二〇一二年）の七月一八日だった。ちょうど一年前だ。その後すぐ勘三郎は手術に入った。「もっとケンカをしたかった」と串田は言う。「ここ数年ぼくの方が遠慮していた」。

串田の妻でカメラマンでもある明緒は二人の「格闘」を何度も目撃している。本番数日前の場当たりの現場に行くと勘三郎が目玉を剝いて怒り狂い、串田もぶち切れて怒鳴り合っていることが多かった。「でも」と明緒。「千秋楽に行くと二人はロビーで組んずほぐれつゴロゴロ転げ回って喜んでいましたよ」。

「一つ間違えたら歌舞伎界では生きられないところで勘三郎さんはやっていた」。串田が語る。「ものすごいリスクをしょって我々と生きている歌舞伎を作ろうとしていた。しかも新しい歌舞伎座も背負わなきゃならない。彼はその両方を背負える唯一の人だと思っていたから楽しみにしていたんだけど。今後コクーン歌舞伎をどうするか。もう少し時間が必要ですね。彼は我々と何をやりたかったのかじっくり考えるいいチャンスだと思う」。
六〇年代のアングラ時代から日本の演劇を見ている演劇評論家の扇田昭彦はずっと第一線で活躍している串田について、こう述べてくれた。
「美術のセンスが良くて、洗練された演劇人です。アングラ出身といっても都会的。だから嫌う人もいるんだけど、アングラじゃないんですね、すでに。だから『上海バンスキング』みたいな大ヒット作が生まれた。それに演出家にしては珍しいほど権力欲がない。串田孫一の息子ということもあるんだろうけど、偉ぶらないし、気持ちのいい付き合いができる。無冠の帝王？　そもそも権威筋に加わるのが嫌いな人だから賞には興味なかったと思う。コクーン歌舞伎はとても大事な仕事だけど、優れた門下生が多いのも彼の功績です」。
柄本、B作、笹野、小日向以外に綾田俊樹、ベンガル、岩松了、高田《たかだ》純次《じゅんじ》、八五年に「東京壱組」を結成した余貴美子《よきみこ》、大谷亮介も串田の門下生だ。
朝比奈「小日向は吉田日出子の男版です」。
扇田「目立たなかったけど、映像で花開いた」。
小日向「劇団では笹野さんの陰に隠れてノビノビやっていたから。今は隠れる場所がない。笹野さんも怖かった、いつもピリピリしてて。でもやっぱり芝居が上手いんですよ」。
笹野「ぼくは串田さんが一番怖い。ぼくらは妥協します。生活俳優だから。でも串田さんは自分のやりたいことを貫く。そのためには劇団だって解散するし、家族だって捨てる。恐ろしい人です。でもそこがブレないから畏敬の念と憧れを持つし、毎回作品が刺激的なんですね。そんな彼と対等にやっていける俳優でありたいといつも意識している。勘三郎さんも串田さんとやるときはそう思っていたと思う。この野郎、そう来たか、じゃオレはこうすると、お互い刺激的であること。それが演出家と俳優の正しいあり方だとぼくは串田さんから教わりました」。

勘三郎の父・十七代目は「金粉」のオーラを発する俳優だった。息子が「アングラ演劇」と組み、河原乞食から始めたいと言ったとき、父は「そこから這い上がってきたのに、なんでまた戻るんだ」と言ったそうだ。しかしコクーン歌舞伎を彼は『連獅子』で言う千丈の絶壁と見定めたのではないか。串田はオーラそのものを異化し、大量の水や雪に変換して引っぺがしてくれる唯一の演出家だった。そこを通過してようやく勘三郎は自らのオーラの根拠を手に入れることができた。

「自由劇場」という劇団は一〇〇年前にもあった。フランスのテアトル・リーブルをモデルにして小山内薫《おさないかおる》と二代目左団次《さだんじ》が始めた新劇運動だ。小山内というとその後の築地小劇場も含めてリアリズム（写実）演劇の頭目のように目されているが、『小山内薫と二十世紀演劇』（曽田秀彦著）を読むと、そんな通り一遍の人物ではないのが分かる。歌舞伎役者のプロに対してシロウト論を提案し、演劇の政治・文学からの自由や、歌舞伎の新解釈、反リアリズム演劇への嗜好も表明していた。

その同時代の歌舞伎役者が六代目菊五郎であり、初代猿翁《えんおう》だ。六代目は歌舞伎に近代演劇の手法を大胆に取り込み、猿翁は「自由劇場」にも参加していた。去年、その猿翁の孫の猿之助《えんのすけ》が二代目猿翁を継ぎ、六代目の孫の勘三郎が亡くなった。一〇〇年が一巡りしたのだ。その日本演劇史一〇〇年のスパンで串田の五〇年は考えられるべきだろう。小山内同様、演劇とは何か、劇場とは何かと問い続けた演劇人である。

――繰り返しですね。

「繰り返しです」。串田が答えた。

くしだ・かずよし

1942年　東京生まれ。父は詩人・哲学者の串田孫一。
1965年　俳優座養成所を卒業。
1966年　佐藤信、斎藤憐、吉田日出子らと六本木の「アンダーグラウンド自由劇場」を本拠地とする劇団「自由劇場」を結成。
1968年　自由劇場と六月劇場、発見の会が合体して「演劇センター68」（後の「黒テント」）が組織され全国移動公演に移行。71年に脱退。
1972年　吉田日出子に声をかけ、六本木の自由劇場を再開。演出、美術も手がける。75年に「オンシアター自由劇場」と劇団名を改名。
1977年　『もっと泣いてよ、フラッパー』（作・演出・出演）初演。
1979年　『上海バンスキング』（演出・美術・出演。作・斎藤憐）が大ヒットし、94年のラスト公演まで上演回数は435回に達した。

1985年　東京・渋谷のBunkamuraシアターコクーン初代芸術監督に就任（96年まで）。89年オープンと同時に「オンシアター自由劇場」は専属劇団になる。

1994年　『東海道四谷怪談』を皮切りに十八代目中村勘三郎とコクーン歌舞伎を始め、『夏祭浪花鑑』（96年）から演出を担当。『盟三五大切』（98年）、『三人吉三』（01年）、『桜姫』（05年）、『東海道四谷怪談』南番・北番（06年）、『天日坊』（12年）など。

1996年　「オンシアター自由劇場」を解散。

2000年　「平成中村座」のこけら落とし『隅田川続俤　法界坊』を演出。04年に『夏祭』、07年に『法界坊』をニューヨークで上演。

2003年　まつもと市民芸術館館長兼芸術監督に就任（現在は芸術監督）。『コーカサスの白墨の輪』（05年）、『K・ファウスト』12年）などを上演。

2013年　『空中キャバレー2013』（7月19〜28日）、サイトウ・キネン・フェスティバル松本；ストラヴィンスキー『兵士の物語』（8月）、『スカパン』（10月）をまつもと市民芸術館で上演予定。

2006年に芸術選奨文部科学大臣賞、07年に第14回読売演劇大賞最優秀演出家賞、08年に紫綬褒章を受章。

坂田藤十郎［歌舞伎役者］

二三年ぶりに還ってきた男

2006年8月14・21日号『アエラ』

むかしむかし扇雀《せんじゃく》ブームというのがあった。今でいえばヨン様ブームみたいな大騒ぎだったらしい。どこに行ってもファンが押し寄せ、ヘリコプターでサイン会場から脱出したこともあったとか。今では社名になっている扇雀飴も元々は彼の人気にあやかってつけられたネーミングである。

そのブームの発端となったのが扇雀の演じた『曾根崎《そねざき》心中』のお初《はつ》だった。劇場に詰めかけた女の子たちが一斉に黄色い声をあげるので芝居が中断されることもしょっちゅう。初演が一九五三年ということはロカビリーブームはおろか、プレスリーもまだデビューしてないころの話だ。

時に扇雀二一歳。たまたまその舞台を京都の南座で観た日本文学研究家のドナルド・キーンは『能・文楽・歌舞伎』の中で、こう記している。「私が歌舞伎に開眼したのはこの時だった。そして最初に魅了されたのは女形だった。……お初に扮した中村扇雀の神秘的な美しさが忘れられなかったのである」と。

それからおよそ半世紀後の二〇〇五年一一月三〇日。三代目中村鴈治郎《がんじろう》を継いでいたかつての扇雀は、鴈治郎改め坂田藤十郎《さかたとうじゅうろう》を襲名した。坂田藤十郎は上方和事《わごと》の創始者として知られ、同じ元禄期に荒事《あらごと》芸を確立した江戸の市川團十郎《いちかわだんじゅうろう》と並び称される上方歌舞伎の大名跡。なんと二三一年ぶりの復活襲名である。そして一年におよぶ襲名披露公演の皮切り演目の一つとして新・藤十郎は『曾根崎心中』を舞台にかけた。すでに彼によって一〇〇〇回以上上演された舞台なのだが、ぼくには初めての『曾根崎』だった。

一九歳のお初を演じる七四歳の藤十郎。歌舞伎の世界でこれぐらいのサバを読むのは日常茶飯だし、むしろそんなところに歌舞伎の醍醐味《だいごみ》もあると思うのだが、正直に言おう。ぼくには〝遠い〟お初だった。半世紀前のドナルド・キーンのような感情移入は寸分もおきなかったのである。はたと困った。そこで扇雀時代から観ている見巧者たちに片っぱしから会い、平成の坂田藤十郎とは何者なのか、話を聞いてみようと思い立った次第。一種の荒事である。

まず演劇評論家の大笹吉雄《おおざさよしお》に会った。大笹は藤十郎に至るまでの扇雀・鴈治郎時代を「実験」という言葉をキーワードに次のように解説してくれた。

「元禄歌舞伎というのはすべて実験劇だったんですよ。実験につぐ実験。そこから固まっていった。戦後の武智《たけち》歌舞伎も、そう。武智鉄二《てつじ》という演出家は原典を尊重すると同時にマルクス主義とフロイトで歌舞伎を解釈し直した。そこで鍛えられたのが扇雀、中村富十郎《とみじゅうろう》、市川雷蔵《らいぞう》たちなんですね。雷蔵は女形だったんです。『曾根崎心中』も宇野《うの》信夫《のぶお》が近松の原作に忠実に脚色したという意味では実験だったし、扇雀が参加した東宝歌舞伎も実験といえば実験。マンボやルンバのオーケストラ演奏に乗って日本舞踊を踊ってたんですからね。マッケンサンバはいわばその現代版です」。

五五年に松竹を離脱し、東宝に移籍した扇雀は長谷川《はせがわ》一夫《かずお》や水谷八重子《みずたにやえこ》と東宝歌舞伎に出演したり、コマ歌舞伎では春日野八千代《かすがのやちよ》、山田五十鈴《やまだいすず》たちと同じ舞台に立っている。いずれも伝統歌舞伎よりグッと客に近い、いわゆる「商業演劇」だ。武智鉄二は藤十郎が恩人といって憚《はばか》らない演出家だった。戦後まもなく武智の紹介で扇雀は能の桜間道雄《さくらまみちお》、文楽の豊竹山城《とよたけやましろの》少掾《しょうじょう》、八世竹本綱大夫《たけもとつなたゆう》などから直接、それぞれの芸を教わることができた。山城少掾と綱大夫から「息」と「間」を、桜間からは「歩き方」を学んだというこのときの経験が、藤十郎の芸の基本になっている。大笹の話が続く。

「その武智の原典主義の教えに則《のっと》り、扇雀が独力で始めたのが近松座なんです。初代藤十郎と近松門左衛門によって拓かれた上方二枚目の伝統を継承しようという試行錯誤でした。だから今回藤十郎を襲名した彼は藤十郎という名前で何をするのかということが問われているわけですよ」。

演劇評論家の渡辺保《わたなべたもつ》にも会うことができた。五三年の『曾根崎』初演も新橋演舞場で観ているという渡辺は、藤十郎襲名直前の、鴈治郎最後となった『心中天網島・河庄』の話から始めた。

「あの『河庄』の治兵衛《じへえ》はよかった。スーッと出てきたときに、立派な鴈治郎だなあと思った。二代目鴈治郎は親父《おやじ》さんの初代鴈治郎に終生コンプレックスをもっていたし、三代目ももっていたんだけど、そこから解き放たれて、これがオレにとって最後の鴈治郎の舞台だってくるわけでしょ。ずっと借り物だった治兵衛がようやくこの人のものになったんだという、そういう感動が長いこと見続けてきた人間にはあった」。

初代鴈治郎は容姿にも恵まれ、晩年まで二枚目で通した名優である。なかでも花道の出の頬かむりで知られる紙屋治兵衛は随一と絶賛された。そんな初代と比較されるのを嫌った二代目は若いうちから老け役など、初代とは別の鴈治郎像をつくっていった。ちなみに初代の弟子で、その二枚目芸に憧れ続けたのが長谷川一夫である。

「八重《やえ》垣姫《がきひめ》も政岡《まさおか》もいい舞台だった」と渡辺が話を繋《つな》ぐ。今回の披露公演で藤十郎が演じた『本朝廿四孝《ほんちょうにじゅうしこう》』『伽羅先代萩《めいぼくせんだいはぎ》』の中の女形だ。八重垣姫の人形ぶり、政岡の原作重視の役づくりが話題になった。

「政岡も歌右衛門《うたえもん》みたいにベタベタしていない。東京型と上方型は芝居の意味も違えば、性根も違うし、演出も違う。それを藤十郎は上方の義太夫の型を参考にして復興した。これは非常に立派な貢献だと思いますね。和事の原点を探りたいという方向と、自分の芸から義太夫狂言をちゃんとやりたいという彼の後半生の目的。そうやって藤十郎という名前に新しい価値を付加しようとしている。そこがエライ」。

一方、今回の藤十郎襲名に異を唱えるのが『元禄俳優伝』の著者で明治大学教授の土屋《つちや》恵一郎《けいいちろう》だ。土屋は「扇雀にはほんとのリアルな娘の美しさ、体温を感じさせる色気があったんだけど」と一息でいったあと、「でもね」と続けた。

「今回の藤十郎襲名は納得がいかない。だって祭式的で怪物的な力に歌舞伎の原点を求めた團十郎に対して、初代藤十郎は普通の男女のドラマを、しかも座ったままの芝居で成立させた革命児なんです。当時の観客は現代同様消費社会の人間だから、大きな物語より日常の方が大事だった。だからそういう演劇を受け容《い》れたんだけど、そういうコンテンポラリーな感覚が今度の藤十郎にはまったくない。習ったものがすべて型になり、表面的に上方歌舞伎をなぞっているだけでしょ。だからスリルがないし、生ぬるい。今の勘三郎《かんざぶろう》の方がよっぽど藤十郎だと思うな」。

土屋は淡々と話した。そして最後にこう付け加えた。

「今回の襲名の背後には奥さんで参院議長の扇千景《おおぎちかげ》がいるんじゃないですか。いいコンビですよ、あの夫婦は」。

人間国宝と参院議長。言わずと知れたゴールデンコンビである。かつて扇を取材したことのあるライターに夫婦のことを尋ねると、ポンポンと次のような言葉を並べてくれた。

「扇さんはテレビで見るより魅力的な方よ。オープンであっさりして頭脳明晰。経理も握ってる。夫婦の間では妻がリードしながら役者である夫の大ファン。だから夫の浮気は芸の肥やしという考えだし、夫の方も妻を頼り切って尊敬している。そうだ、藤十郎さんのことなら富岡多恵子《とみおかたえこ》さんに聞きなさい。あの方、ずっと観てたはずだから」。

かくしてぼくは富岡宅に電話したのだった。電話口で小説家はおおよそ次のように語ってくれた。

「扇雀ファンとして近松座公演は第一回からずっと観てます。近松の上演されてないものを復刻なさったり、二〇年間、ひとつの演劇運動としておやりになった。大変意義のあるお仕事だったと思う。今回の襲名に関しては、大阪人として扇雀、鴈治郎の名前の方がもちろん親しみがありますからね、だから半分残念、半分嬉《うれ》しいというか。あ、そうだ、藤十郎さんのことは私より松井今朝子《まついけさこ》さんの方がずっとご存じですよ。ええ、小説家の」。

東京・世田谷にある松井宅を訪ねた。初対面の挨拶が終わって、ものの五分もしないうちにいろんなことが分かった。初代鴈治郎は彼女の曾祖父でもあり、彼女と藤十郎は親戚筋だということ。武智鉄二の秘蔵っ子として木下順二《きのしたじゅんじ》監修のもとに『けいせい仏の原』の脚本を手がけたり、武智亡きあと近松座の演出も担当。また小説家になる前の一時期、松竹の企画制作室に籍を置いていたこともあったという。松井はこんなふうに語り始めた。

「扇雀って難しい役者だったんですよ。『曾根崎心中』が大ヒットして東宝に移り、一番いい時期に歌舞伎役者として修業していない。だから芸の上での大きな空白がある。それから立ち役と女形、両方やるからいいとこ取りになってしまう。といって脇役はできない。年取ったアイドル系スターみたいなもんですからね。だから周りも扱いに困ってどんどん仕事が減っていった。そんな背水の陣で始めたのが近松座だったんです」。

近松座の結成が八一年で、『けいせい仏の原』上演が八七年である。

「扇雀の『仏の原』の文蔵《ぶんぞう》はよかった。まだ彼は若くて、ひたむきでした。みんなの前でおっしゃいましたよ。『もうぼくだけの力では客は入らないんだ』って。それを聞いて、『ああ、この人のために何とかしてあげたい』と思った。ところが一座の評価が高まってきたときに松竹が潰しにかかったというか、鴈治郎を襲名させた」。

扇雀改め鴈治郎襲名は九〇年。襲名直後はいい役がついて人気も盛り返してきたが、そうなると近松座の方が次第にお座なりになり、優秀なブレインたちは一座から離れていった。

「だから松竹が近松座を潰したようなものなんです。でもそんな人気は長続きしない。といって鴈治郎は先代と違い、華で売ってきた役者。今さら老け役もできないのでだんだん行き詰まってくる。七〇歳過ぎてもう一花咲かせるにはどうすればいいか。そこで今回の襲名ですよ。しかも二三一年ぶりの坂田藤十郎。みんな腹の中ではおかしいと思っている。興行元の松竹も困ったと思う」。

松井によれば、今回の襲名は二度目の背水の陣で臨んだ一大イベントだったということになる。またそのために妻の尽力があったことも彼女は否定しない。

「個人的によく知ってますが、決して悪い人ではないんです。でも旦那さんのファンだから何でもしてあげてご自分は悪者になるところがある。政治家のパーティに出るのがイヤで鴈治郎とは袂《たもと》をわかったようなものなんですよ、私。特に小泉政権になって小泉さんが歌舞伎好きということもあり、歌舞伎界と政界の密着度がものすごく増してきた」。

今回のお初に感情移入できなかったことをぼくは松井にいってみた。するとこんな答えが返ってきた。

「あれを一九歳の女として見てくれといわれてもね、ムリですよ。でも役者って一つの役が当たるとその役を捨てられないんです。八重垣姫も金魚みたいでしょ。彼はああいう赤い着付けが本当に似合わない。政岡もよくなかった。文楽に戻してやったんだけど、歌舞伎でやると山場が二つになる。だから何でも文楽通りにやればいいというものではないということが、あれを観て逆によく分かった。彼の女形でいいのは玉手《たまて》御前とお染《そめ》。これは掛け値なしにいい。両方とも武智先生に習ったものです」。

ほかにも数人から話を聞いた。しかしおおむねこれまでの話に出尽くしていると思われるので、割愛させていただく。平成の藤十郎に対する評価はじつに様々だった。話を採取したぼく自身、驚いている。しかしその賛否の幅をそのまま、ここに記しておこうと思う。それがそのまま坂田藤十郎という役者の幅でもあると思うからだ。

虚実皮膜論というのがある。近松が藤十郎と組んで狂言を書いているなかで摑《つか》んだ思想だ。ウソのように見えて本当、本当のように見えてウソ。一種のヴァーチャル論といっていい。ならば役者の「本当」はどこにあるのか。おそらく何枚皮膜を剝《む》いてもそこにはない。藤十郎の「本当」を知るためには、やはり劇場に行くしかないのだ。

『夏祭浪花鑑』を観に大阪に行った。七月半ばの大阪はうだるような暑さだった。それほど藤十郎の団七《だんしち》に期待していたわけではない。実際、幕が開いてしばらくぼんやりしていた。ところが強欲な義父殺しの「泥場」辺りから目が離せなくなった。団七の殺意と手足が揃《そろ》わず、つまり心理と行動がズレたり、もつれたり、重なったりするのだが、藤十郎は殺しを泥まみれで見せるのではなく、数本の糸の動きで見せていた。その糸にいつのまにかぼくはからめ取られた格好。そして殺したあと流れてきた祭りの一団にまぎれる前の、団七の一瞬のたじろぎ。客に一本だけ糸を残して終わるような鮮やかな幕切れだった。ああ、もってかれたなあと思った。ぼくの場合、藤十郎にたどり着くのに八カ月かかった計算になる。

ホテルオークラ別館の「ハイランダー」というバーで藤十郎と会った。気持ちにゆとりができたとき、よくここにシガーを吸いに来るのだという。お気に入りはタビドフＮＯ２。「どうですか、坂田藤十郎という名前の着心地は」と問うと、ほのかな華の香りを漂わせながら藤十郎が答えた。

「初日からピッタリでした」。

――どこがそんなに合うんでしょう。

「初代藤十郎は自分の考えで役をつくれといっている。そういう彼の自由な発想が私は大好きなんです。だから今回の襲名も彼の芸を継承するというより、私自身の考えている歌舞伎を発信することの方に力点はあるんです」。

――鴈治郎に未練はない？

「鴈治郎という名前は身につかなかった。それより扇雀時代が長かったから血も肉も扇雀なんです、私は。たとえば最近、コクーンやパルコで後輩たちが新作歌舞伎で頑張ってるでしょ。あれなんて私が扇雀時代にやっていた東宝歌舞伎と同じだと思う。その時代の楽しい歌舞伎をつくろうとしていたという意味ではね」。

――それが藤十郎？

「そう、それでいいんです。ということは私は名前は扇雀でも、やっていることはずっと藤十郎だったんですよ」。

艶福家《えんぷくか》としても知られる藤十郎。ひところ話題になった祇園の舞妓との浮き名のことも尋ねてみた。すると「いやあ、あれは、ハハハ」と、ゆったり煙《けむ》に巻かれてしまった。

さかた・とうじゅうろう
1931年12月31日　二代目中村鴈治郎の長男として京都に生まれる。本名、林宏太郎。妹は中村玉緒。
1941年　二代目中村扇雀を襲名。

1949年　第一回武智歌舞伎に参加。
1953年『曾根崎心中』天満屋お初で注目され、扇雀ブームが起こる。
1955年　東宝に移り、映画に主演する一方、東宝歌舞伎やコマ歌舞伎に出演。
1958年　扇千景（元宝塚女優で現・参議院議長）と結婚。
1963年　松竹復帰。
1981年「近松座」を結成。
1990年　東京・歌舞伎座で三代目中村鴈治郎を襲名。
2005年11月30日　京都・南座で坂田藤十郎を襲名。屋号は山城屋。日本芸術院会員、文化功労者、重要無形文化財保持者（人間国宝）。

座右の銘は「一生青春」。同名の著書もある。

久石譲［作曲家］

芸術と大衆性のはざまで闘う全身音楽家

2010年11月1日号『アエラ』

『笑っていいとも！』の「テレフォンショッキング」に久石譲《ひさいしじょう》（五九）が出ていた。ご覧になった読者も多いだろう。映画『悪人』でモントリオール世界映画祭最優秀女優賞を受賞した深津《ふかつ》絵里《えり》の紹介である。『悪人』の音楽を担当していたのが久石だ。所狭しと並んだ花輪の贈り主の中に同映画監督の李相日、主演の妻夫木《つまぶき》聡《さとし》、ほかにスタジオジブリの鈴木《すずき》敏夫《としお》、ＳＭＡＰなどの名前があった。

国民的作曲家である。宮崎アニメや一時期の北野映画はもちろん、最近の話題作『おくりびと』『坂の上の雲』といった映画、ドラマの作曲も手掛けている。『となりのトトロ』や『崖の上のポニョ』の主題歌♪ポーニョポーニョポニョ〜も彼の作曲。ＳＭＡＰの『We are SMAP!』にも楽曲を提供している。

一方、今年の彼はモーツァルトやブラームス、ドヴォルザークなどの交響曲を東京フィルハーモニー交響楽団で指揮し、母校の国立音楽大学で弦楽四重奏の講義を開催。去年発表したのが自ら作曲し、ロンドン交響楽団で収録したミニマル音楽のアルバム『Minima_Rhythm（ミニマリズム）』だった。そう、久石には強くエンターテイメントを志向する一面と、クラシックと現代音楽を深く掘り下げたいというコアな一面があるのだ。しかも彼の場合、その二面は相反していない。『笑っていいとも！』出演直後、久石本人から話を聞くことができた。

「音楽にはたぶん、いい音楽とそうでない音楽しかないんですよ。いい音楽はシンプルです。ベートーベンは最大のキャッチーな作曲家ですね。タタタターンでしょ。彼の『運命』は究極のミニマル音楽です」。

——天才ですか。

「うん。閃きが傑出している」。

——自分のことを天才と思うことは？

「まったくない。努力型ですよ、ぼくは」。

朝起きてコーヒーを飲んでからピアノの練習を始め、午後一時から深夜の一二時まで作曲の仕事。家に帰ってからは早朝までクラシックの研究をし、四時間寝た後、コーヒーを飲んでピアノの練習……と、久石はほぼ二四時間音楽漬けの生活を送っている。

「いつもフル回転です」というのはユニバーサルミュージックの寺舘京子だ。「休んでるところを見たことがない。彼の音楽的な二面の一面がフル回転してる間に片面は休む。そうやって交互に休んでいるとしか思えない。せっかちですよ。キキキキッと分刻みで移動する」。

一九九〇年代初頭、久石は三年ほどロンドンに住んでいたのだが、そこへ出張したレコーディングエンジニアの浜田純伸は「絶対ズルをしてるはずだ」と思い、久石の生活を観察したことがある。「でもほんとに音楽漬けでした」と浜田。「人に厳しい人です。でもそれ以上に自分に厳しい」。同僚の秋田裕之が合いの手を入れる、「論理的。怒るときも論理的」。浜田「だからいつも詰め将棋で詰まされるようなもんですね。それにとにかくタフ。納得するまで絶対諦《あきら》めない。周りはヘトヘトです」。

久石によると「作曲の九五％はテクニック」であるらしい。九五％までは理詰めで緻密に構築していく。そして残りの五％が、いわば直感の領分なのだが、論理を超えた何かを摑《つか》むまで自分を追い込み、まだ形にならないアイデアを頭の底に泳がせておく。すると思わぬところでブンと、たとえばトイレや布団の中でメロディや音の形が浮かぶ。その後は九五％の枝葉をばっさり切ったり、一音の上げ下げに何日も悩んだり、あらゆる試行錯誤を繰り返し、「これだ」と確信できてはじめて曲の誕生となる。二週間徹夜することもざらである。それだけの複雑を経由して久石はようやく自分の「シンプル」を手に入れるのだった。

——休まないんですか。

「休むと作曲の回路を再起動させるのが大変なんです」と久石。「それなら休まない方がいい」。

作家性にこだわる人だといっていいだろう。『悪人』（二〇一〇年）で久石の胸を借りた監督の李相日は久石とがっぷり組んだ組み心地を「開きながらもプライドの高い方です」と語ってくれたが、そのプライドが彼の作家性である。「映像と音楽は対等」という構えを崩さない。注文通りの作曲なら九五％ですむ。しかしそんな予定調和の仕事からは何のダイナミズムも生まれない。対等な関係で「監督のテーマをむき出しにする」のが彼の仕事であり、その作家性を担保しているのが彼の五％だった。

ミニマル音楽というのは最小限の音形を反復しながら微妙にズラしていく音楽だ。最初から最後まで主旋律がシンプルな四つの音で展開される「運命」が究極のミニマル音楽だというゆえんである。一九六〇年代にアメリカで起こった。情感を催促しないそのスタイルは都会的で知的だが、民族音楽の影響も多分に受けている。その方法論は今では定着し、映画音楽を手がけている世界的なミニマル音楽出身者として、たとえば『ピアノ・レッスン』のマイケル・ナイマンや『Mishima』のフィリップ・グラスがいる。久石もその一人だ。映画『キッズ・リターン』や『菊次郎の夏』の音楽といえばわかりやすいと思う。

バイオリンを習い始めた四歳のときから将来は音楽家になろうと決めていた。中学二年のときに作曲家になると決意。大学は作曲科に入ったが、すでにクラシックには興味が持てず、不協和音の多い難解な現代音楽にのめり込んでいた。そんな二〇歳の彼を圧倒したのがミニマル音楽であり、「ここにはまだ音楽の可能性がある」と久石は直感した。

撮影＝阿部稔哉

久石譲の名前を付けたのは二一歳のころだ。友だちと酒を飲みながら、当時活躍していたクインシー・ジョーンズに漢字を当てて命名した。「特別好きなミュージシャンというわけでもなかったし、深い意味は何もないんですよ」と久石。

自分の音楽だけを探究する「芸術家」生活は二〇代の終わりまで続いた。理論と理屈にがんじがらめになって行き詰まるのだが、やるだけやった久石は迷わず商業ベースに転身し、CMや映画音楽、アルバム制作を少しずつ手掛けていた、そんな一九八三年のある日、『ナウシカ』準備室から声がかかったのだった。

すぐ彼に決まったわけではない。候補者には坂本龍一《さかもとりゅういち》、細野晴臣《ほそのはるおみ》、高橋悠治《たかはしゆうじ》、林光《はやしひかる》といった錚々たる名前が並んでいた。前年に徳間グループ系列からアルバムを出していたので、その関係者の推薦でほとんど無名だった久石にも声がかかったのだ。絵の作業に忙殺されていた宮崎駿監督の代わりにプロデューサーの高畑勲《たかはたいさお》が音楽監督を務めていた。

「ずいぶん悩んでましたが、結局高畑さんの決め手は性格でしたね」と語るのはスタジオジブリのプロデューサー、鈴木敏夫である。「久石さんのそれまでに作った曲を聴いて、この人は高らかに人間信頼を謳い上げることのできる人だって見抜いたんです。賭けでした」。

そこで高畑が久石に依頼したのがイメージレコードの制作だ。宮崎の書いたタイトルと詩に近いメモをもとにテーマ曲を書いてくれという宿題。

「届いたメインテーマを聴いて不安は吹っ飛びました」と鈴木。「間違ってなかったと思った。

本人は否定していますが、だから、久石譲という作曲家を発見したのは高畑さんなんですよ。宮崎も絵を描きながらその曲を何度も何度も聴いていた」。

それが『風の谷のナウシカ』(八四年)のメインテーマとなった「風の伝説」である。それまでの久石のすべてが入っていてすべてが始まっている曲だ。映画は大ヒットした。この一作で久石は世に出た。

北野武《きたのたけし》監督との第一作は『あの夏、いちばん静かな海。』(九一年)。こちらは請われて参画した。セリフのない映像に淡々と音楽が流れ、その映像と音楽の平行線が観客の頭の中で次第に交わっていく作品だ。その後に『ソナチネ』(九三年)、『キッズ・リターン』(九六年)、『HANA-BI』(九八年)、『菊次郎の夏』(九九年)と続く。いずれも北野映画の代表作である。北野映画では久石が二〇代のころ目指していた音楽がストレートに出ている。「偶然ミニマル同士が出会ったんですよ」。映画音楽ライターの前島秀国《まえじまひでくに》は言う。「北野さんも削ぎ落としていくミニマルな作風。北野ブルーといわれる空の色と久石さんの音楽のトーンがユニゾン(同調)するように、二人のミニマリストがユニゾンしていた」。

北野は論理の前提に意識的な作家だ。「赤信号みんなで渡れば」式に、立てた論理の前提をひっくり返す。映画の外から来た彼は次々に映画の「前提」をひっくり返した。構造主義と時代的・手法的に通底しているミニマル音楽も西洋音楽、もっというと西洋的な人間中心主義の前提を疑い、その袋小路から脱するための方法だったのではなかったか。前提に意識的な二人が組んだからあの数本の名作は成立していた。しかし、二人のコラボは『Dolls〈ドールズ〉』(〇二年)を最後に見られなくなった。

「最近の記事で北野さんが一種の音楽不要宣言をしていた」と前島は言う。「『自分は情緒とかいったものを音楽に任せないし、頼らない』と。だったら音楽家と上手《うま》くいくわけがない。しかし久石さんと別れたのは北野映画にとってすごい損失でしたね。久石さんの五%、つまり魔法の力を失ったわけですから」。

一方『ナウシカ』以降、四半世紀以上続いているのが宮崎・久石コンビだ。個別に取材した話をもとに、ここで架空のシンポジウムを一つ組んでみたい。題して「久石譲と宮崎アニメの現場」。

宮崎駿「久石さんには無礼の限りを尽くしました。『主題歌は別の人のを使います』とか。『ぼくは音楽家なんだから』と彼が言ったのを覚えている。『二一世紀に新しい旋律なんて残ってないんだから前のでいいんじゃない』と言ったこともある。腹の中は煮えくり返りながら久石さんは笑ってごまかし、こっちも笑ってごまかしながら平気で言ってきた」。

──『天空の城ラピュタ』(八六年)のときはほかの候補者がいたとか。

宮崎「その方は色数が少なかった。長編アニメは一種のカーニバルですからね。その側面は外せない。『となりのトトロ』(八八年)のとき、久石さんの曲を聴いて『せわしいです』といったら、すぐその場で彼が一括りずつ音を抜いていった。すると見事に気分が合ったんです。そういう経験が何度かある。彼とはどこかで同期している」。

高畑勲「『風のとおり道』はどこか懐かしい、しかし古臭くない、これぞ日本的なものと現代人が思いたくなる曲です。歌謡曲で少しずつ市民権を得ていた二・六抜き短音階を、理想的な『自然』と結びついた新感覚として定着させたんじゃないでしょうか」

鈴木敏夫「歌に関して言うと『トトロ』の主題歌は難産でした。久石さんは有線放送で子どもの歌を一日中聴いてたみたいですが、それでも出来なくて七転八倒していた。半年以上かかりましたね。『さんぽ』とともに今では教科書にも載っている名曲です。『ポニョ』は打ち合わせの場で閃いてパッと書きとめていた。本当ですよ。でもすぐ発表すると否定されるからって隠していた（笑い）」。

宮崎アニメでは草木国土悉皆《そうもくこくどしっかい》が生きている。宮崎駿はアニミズムの作家だ。アニメーションのアニメート（生命を吹き込む）力を極限まで使ってカーニバルする宇宙を一つアニメートする。その映像と緊張をはらみながら交響するのが久石の音楽だった。

「しかし二一世紀になって音楽が見えなくなるんですよ」。久石が言う。「その前は時代時代の語法があったんだけど、世界の混迷とリンクするように音楽も向こうが見えなくなった。時代を追いかけてもしょうがない、じゃあ確実に見えるところからやろうと、ぼくの原点であるミニマル音楽とクラシックに戻った。9・11も大きかった。それまで社会現象とは無関係に音楽を追究していたんですが、このままだと世界は大変なことになると思うようになって作ったのが弦楽合奏のための『DEAD』。エンターテイメントだけじゃ満足できなくなったんです」。

いま彼がもっとも意識している作曲家はミニマル出身者でクラシック音楽とオーケストラを知り抜いているジョン・アダムズだ。「いつか彼のオペラ『ドクター・アトミック』を日本で指揮し、条件さえ整えば数年かけてじっくり自分のオペラを書きたい」。

微妙にズレながら久石の音楽観は大きくグルッと一回転したのである。ミニマル音楽の可能性を掘り下げ、作曲家の視点でクラシックの交響曲を分析・解読し、実際にタクトを振るという作業が始まった。クラシックの巨匠たちがいかにカオスから秩序のミニマル（最小限）なパターンを発見し、織りなしていったかを読み込んでいく作業といってもいい。

前島によると久石の大転換点は『もののけ姫』（九七年）だったらしい。宮崎監督の重い世界観を表現するために複雑なオーケストラ曲を本格的に書いたのがクラシック回帰のきっかけになったと。その後『千と千尋の神隠し』（〇一年）でユーラシア大陸をまたぐワールドミュージックを展開し、再びクラシックに戻ってシンプルなワルツのテーマ曲を変奏していたのが『ハウルの動く城』（〇四年）であり、ポニョの旋律を変奏していたのが『崖の上のポニョ』（〇八年）だった。ポニョの本名はブリュンヒルデだから、あの映画は宮崎版『ニーベルングの指環』といえなくもない。

「久石さんとは同じ時代を生きてきたと思う」。宮崎が語る。「作るに値する映画はいつの時代にもあるだろうという仮説のもとにやってきました。そのたんびにいっしょにやろうと。ここまで来たら最後までいっしょにやると思う。彼の音楽はぼくの通俗性と合っているんですよ。彼の音楽の持ち味は〝少年のペーソス〟です。それは彼のミニマルの底流にもあるし、『ナウシカ』のときからあった。映画によって隠したり、ちょっと出したり、うんと乾いて見せたり。手を替え品を替えやりながら生き残ってきた人だから、そう簡単に手札を見せるわけがない。でも〝少年のペーソス〟はずっと変わっていない。そこがたぶんぼくと共通している」。

たぶんそれは北野とも共通していたと思う。彼の映画にはシャイな少年が隠れている。似ているから離れ、似ているから続く。似たもの同士、しかもそれぞれの五％で生き残ってきた作家たちの間ではそのどちらかしかないのだろう。

久石の少年時代は久石ではない。久石譲は二〇歳過ぎに付けた、いわば「芸名」だ。そう、地元・長野で高校教師をしていた父の映画館巡回に付き添って年間三〇〇本の映画を観たり、バイオリンからピアノにトランペット、サキソフォン、トロンボーン、打楽器までマスターし、アレンジに優れ、中高時代から難解な現代音楽に挑み、二〇歳のときにミニマル音楽を聴いて「ここにはまだ音楽の可能性がある」と叫んだのは久石ではない。本名の藤澤守だ。彼がそっくり久石の少年時代を占めている。久石は自分と藤澤守の関係についてこう語る。

「人間って元に戻りますね。ぼくはやっぱり藤澤守なんですよ。去年『ミニマリズム』を作るときに作曲者名は全部、藤澤守でやろうと思った。エンターテイメントは久石でやっているけど、作品は藤澤だろうと。二日に一遍はそのことを考える。今度の曲は絶対藤澤守で出してやるぞと」。

――でもそうしたら売れない?

「うん。いつか作曲・藤澤守、指揮・久石譲でやりたい。それが理想ですね、ぼくの」。

久石は二人分の人生を生きているのだった。時間が足りないわけである。

ひさいし・じょう

1950年 長野県中野市生まれ。中学2年ごろから作曲家になろうと決意。高1から作曲のレッスンを受けるために月2回上京。現代音楽のシュトックハウゼンなどを夢中になって聴く。20歳のときテリー・ライリーの『ア・レインボー・イン・カーヴド・エアー』を聴き、ミニマル音楽と出合う。国立音楽大学作曲科卒業。

1974年 結婚。長女は歌手の麻衣。

1981年 アルバム『MKWAJU』。

1982年 アルバム『INFORMATION』。

1984年 『風の谷のナウシカ』『Wの悲劇』(以下、ことわらないかぎり『 』内は音楽を担当した映画名)。

1985年 『早春物語』。

1986年 『天空の城ラピュタ』『熱海殺人事件』。

1988年 『となりのトトロ』。

1989年 『魔女の宅急便』。

1990年 『タスマニア物語』。

1991年 『あの夏、いちばん静かな海。』。アルバム『I am』。

1992年 『紅の豚』。アルバム『My Lost City』。

1993年 『ソナチネ』『水の旅人　侍KIDS』。

1996年 『キッズ・リターン』。

1997年『もののけ姫』。

1998年『HANA-BI』。

1999年『菊次郎の夏』。

2000年 アルバム『Shoot The Violist ～ヴィオリストを撃て～』。

2001年『千と千尋の神隠し』『BROTHER』。『カルテット』（監督・脚本も担当）、『4MOVEMENT』（監督・プロデュースも担当）。

2002年『Dolls〈ドールズ〉』。

2003年『壬生義士伝』。

2004年『ハウルの動く城』。

2008年『崖の上のポニョ』『おくりびと』。コンサート『久石譲 in 武道館～宮崎アニメと共に歩んだ25年間～』を開催。

2009年 NHKスペシャルドラマ『坂の上の雲』（～11年）。アルバム『Minima_Rhythm』。紫綬褒章受章。

2010年『悪人』。10月27日、アルバム『メロディフォニー』リリース。

山本太郎〔俳優〕

〝脱原発〟役者の軌跡

2012年12月3日号『アエラ』

映画『EDEN』を見た。新宿二丁目のゲイたちの物語だ。主演は山本太郎《やまもとたろう》（三八）。いくつか山本本人に確かめてみた。

──太郎さん、ゲイじゃないでしょ。

「よくマッチョ系のゲイに見られるけど違います」。

──それにしては板についていた。

「ネコかタチかといったらネコの役です。周りの役が濃いからあっさり、ステレオタイプにならないよう注意しました」。

──はいてた下着は？

「いつもと同じですよ、ボクサータイプのトランクス（笑い）」。

彼の役はショーパブ「EDEN」の〝マダム〟兼振付師だ。自分のセクシュアリティを恥じて一五年間一度も田舎に帰っていない東北・大船渡出身のゲイである。田舎の母に「今度の正月は帰るから」と電話するラスト五分の一人芝居は見応えがあった。山本はゲイの役は初めてらしい。『バトル・ロワイアル』（深作欣二《ふかさくきんじ》監督）で広く認められて『ゲロッパ！』（井筒和幸《いづつかずゆき》監督）でキャラクターを確立した、「男」が売りの俳優だ。しかしこういう演技を見ると、彼がいかに自在にジェンダーを着脱・調合しているかがわかる。

「太郎以外にあの役を演じられる日本人はいなかった」とプロデューサーの李鳳宇《リボンウ》は言い切る。ふるさとを追放された者たちの帰還の物語である。この映画は李の『エデンの東』なのだろうとぼくは理解した。それも3・11後の。

――「男」が売りの男優って、こちらが思っている以上に自分の中に「女」を抱え込んでいるんじゃないですか。

「そうかもしれない」。山本は否定しない。「原発反対の声を上げたのも、多分にぼくの中の母性的な部分が関わっていると思う。まず子どもたちを守りたいと思った」。

3・11以前の山本はこのまま俳優業とサーフィンを続けていけたらそれで人生十分と考えていた。週に四、五回、海に入っていたらしい。波のトンネルの下には岩場が潜んでいる。だから波に巻かれると岩に叩きつけられて死ぬ可能性すらあるのだが、そこをギリギリ無傷で乗り切ったときの快感といったらない。彼のサーフィンの師匠であるケント・ダム曰く、「セックスより気持ちいいかも」。大きい波を滑り下りるときはパンパンパンパンと跳ねる板を足の裏で感じてほとんど勃起しそうになるのだった。

「太郎がサーフィンを始めたのは七年前かな」。ケントが語る。「その一カ月後に台風が来たんだけど、いきなりあいつが海に入って来て、二、三回本気で溺れて死にかけていた。そっからですよ、あいつがどっぷりサーフィンにはまったのは。身体を張ってやるタイプですね。インドネシアでやったときなんて背中をズタズタに傷つけて上がってきた」。

日本でも各地の波に挑戦している。原発の見える福島の海岸に行ったこともあった。太平洋の波が直接届き、サーファーには最高の海だった。原発についての知識はほとんどなかったし、ましてそこでつくられる電気が地元ではなくすべて首都圏に送られていることなど知るよしもなかった。

そして迎えた二〇一一年三月一一日。その後のひと月近く山本は悶々とした日を過ごしている。何てオレは無知だったんだ、今声を上げなかったら原発推進派と同じじゃないかと自分を責める一方、声を上げたら仕事がなくなるぞと耳元で囁く自分もいて寝つけない夜が続いた。そんなときソフトバンク社長の孫正義がツイッター上で「原発賛成？　反対？」と問いかけているのに遭遇し、「反対！」と返した。その瞬間、涙が溢れてきて止まらなかった。ツイッターのフォロワーが一万人から一気に八万人に増えていた。

四月一〇日の東京・高円寺での反原発デモに初参加。それ以降は大阪・御堂筋や京都・三条河原、福島の郡山市に現れたり、福島の子どもたちの被曝を避けるためのイベントに加わったり、七月には佐賀県庁前の玄海原発再稼働反対デモに参加し、八月には泊原発の運転再開で揺れていた北海道に入って周辺自治体を訪問。また各地の講演会や市民イベントに出席しながらマスコミの取材を受けたり、討論番組に出演して顰蹙を買ったり……。

自分でスケジュールを管理しながら身一つで日本中をスルスルッと滑るようなフットワークに、頭でっかちではない独特の「知性」を感じてぼくは彼から目が離せなくなっていたのだが、そうか、あれはサーフィンの軌跡だったかと今にして思うのだった。ツイッターの波に乗ってのサーフィン。フォロワーはすぐ一〇万人を超え、今現在は二〇万人に近い。

町中を歩きながら山本はマイクを持って、こう呼びかける。「大人たち、目を覚ませ。原発やめろ、今すぐやめろ。子どもを守れ、被曝はごめん。お騒がせしております。われわれはありふれた生活を送りたいだけの者です。電気は足りてる、原発意味なし。お漏らしやめて、漏らしすぎ」。何となく七五調の和風ラップになっている。それにしてもストリートが活気づいているのに本物のラッパーはいないのかと思っていたら、こんな声に出会った。

今井一（山本と同じ関西出身のジャーナリスト）「笑っちゃうよね、自分はロッカーやアーティストやと言ってた連中が何にも発言しないんだから」。

吉木陽子（子育て中の主婦）「忌野清志郎《いまわのきよしろう》さんが亡くなって反原発を言う人がいなくなりガッカリしてたんだけど、太郎さんが出てきてくれてほんとに嬉しかった。市民の動きが変わった」。

ツイッターに誹謗中傷の「岩場」が潜んでいるところもサーフィンと似ていた。たとえば「反福島」「売国奴」「左翼」「売名行為」「テロリスト」などのレッテル貼りが始まった。「ぼくも少ないけど、ボキャブラリー少ないよなあ」と山本は笑う。「ぼくは客寄せパンダなんですよ。『お、山田太郎？　北村太郎？　いや山本や。ちょっと見に行こか』で見に来てくれればいい」。

しかしそういうデマも貴重な情報も玉石混交なのがツイッターの生命力だ。圧倒的に拡散するツイッターの情報の波に乗って山本は昨年の秋、ドイツ、ベラルーシ、ウクライナと回る三週間の取材旅行を敢行している。福島第一原発事故後すぐに脱原発法を通したドイツでは、フランスで再処理された高レベル放射性廃棄物が貨物列車で運ばれることに抗議するフェスティバルのような集会に参加し、その後まるで映画のセットのように人っ子一人いないチェルノブイリ近郊の「死の町」に到着。原発から半径三〇キロ圏内では一八〇近くの村が廃村になり、いまだに立ち入り禁止だった。かたや事故が収束もしていないのに避難地域を狭めようとする日本政府。

「チェルノブイリ以上の史上最悪の原発事故が日本で起こったんですよ」と山本は彼我の違いを訴える。「子どもだけでも避難させるべきだった。大人の責任なのに福島の子どもたちにはほんとに申し訳ない。とにかく生き延びてほしい。地震の活動期にある日本でそれを担保するには原発を即時停止するしかないんですよ」。

山本の本職、俳優業の方はその間どうなっていたのか。もちろん続けているのだが、その前に彼が十数年間所属していた事務所「シス・カンパニー」を辞めた経緯に触れておく。

撮影＝新田桂一

昨年の五月、山本がツイッターで「原発関連の発言が原因で出演予定のドラマを降板になった」と発言したのがきっかけだった。ネット上で「どのドラマだ」と犯人探しが始まり、事務所の電話は鳴りっぱなし。社長の北村明子から電話があったとき、事務所にこれ以上迷惑をかけるわけにはいかないと山本は退社の意思を伝えた。「そこまでする必要はない」と北村。「いや、そうします」「役者を辞めることになってもいいの?」「いいです」。

「事務所を辞めたのは彼の律儀さなんですよ」。北村は言う。「ただ彼がドラマをホサれたというのは事実と違う。その役はほかにも候補者がいてまだ決まっていなかった。その段階で目立つ運動をしている俳優がいたら使いにくいのは当然でしょう。俳優はイメージを売るのが商売。私たちの商売は実業じゃない、虚業ですから」。

北村の言う通りだろう。しかし山本の仕事が以前の数パーセントに激減しているのも事実だ。制作サイドの自粛が主な原因だろうと本人は感じている。しかしそれも覚悟の上だったし、それで言いたいことを言える自由を手に入れたのだから何の後悔もなかった。辞めた事務所については、フリーになってはじめて自分がどれだけ恵まれた環境にいたかよくわかったそうだ。

「いつでも帰ってくればいい。ずっと待っています」と北村は言う。「彼はいい役者になれる人なのよ。あれだけ繊細で震えてるくせに大胆な一歩が踏み出せるんだから」。

そんなフリーになって所在ないときである、李から電話がかかってきたのは。「一本やってみる?」「いいですね」「主役だよ」「へーっ」と始まったのが映画『ＥＤＥＮ』だった。

「太郎ならゲイの役をどうやるかなと思った」と李は言う。「そしたら自分の母親像を演じてたんですね。ある程度は予想していたことなんだけど、そこが良かった。現場にいたカメラマンも監督もメイクも全員、ラストの彼の演技に号泣してましたよ。難しい役だったけど太郎を得て成功することができた」。

李のほかに二人の人物が山本に注目していた。美輪《みわ》明宏《あきひろ》と先ごろ急逝した映画監督の若松孝二《わかまつこうじ》だ。山本は若松の遺作となった『千年の愉楽』（二〇一三年春公開予定）に田舎のチンピラ役でワンシーンだけ出ている。一方、美輪は舞台『椿姫』の重要な役に山本を起用。二人は山本についてこう語ってくれた。

若松「テレビに出られなくなるのがわかってて活動やってるわけで、ぼくはそういう人が好きなんです。もっとみんな自由にしゃべればいいのにね。ひどいもんだ。彼は役者としても素晴らしい。頭がいいんですよ」。

——自分のポジションがわかってる？

若松「うん、ちゃんと社会情勢とかわかってる。でなかったらオレの映画になんか出ますか」。

美輪「彼の魅力は純朴さです。しかも芸能界という泥沼の中であの年まで蓮の花の白さを保っているのだから大変なことです。私は長崎で原爆に遭っているから彼の活動にも共感を覚えています。それにずいぶんホサれた経験があるんですよ、私も。だって従軍慰安婦、部落解放、戦争糾弾の歌を歌ってきましたから。だから今は大変だけど大丈夫、絶対良くなるからって彼には言いました」。

――お母さんには会いました?

美輪「ええ、お母さんが素晴らしい。審美眼も知性もおありになって。だけど女性として理想的すぎてお嫁さん候補は気の毒ですよね、どうしても比べてしまうから」(この取材後、山本はプロサーファーの割鞘朱璃《わりさやじゅり》と電撃結婚)。

そう、山本を知る誰もが口を揃えて言うのが、彼と母・乃布子《のぶこ》の関係の濃さだった。しばらく耳を傾けてみよう。

ケント「お母さん、ファンキーですよ。あの母ありてあの息子ありだと思う」。

李「彼の母に対する愛情は特別ですね。素晴らしいことだけど、『お前、それ好きすぎるよ』と思うこともある」。

北村「彼の服装はすべてお母さんの好みでした。まるで王子様のよう。今までお母さんたちを背負って守ってきたけど、その守る意識が社会レベルにまで広がったのが今回の彼のアクションじゃないかしら」。

今井「関西のおばちゃん感覚ですよ、太郎くんは。おばちゃんたちの権威嫌いの血が騒いで、彼は口を閉ざしていられなかったんだと思う」。

田沼暁子(母と二〇年来の友人)「彼女、息子のことを作品だと言ってますからね。母子で一対の合わせ鏡。ときに乱反射したり、シンクロしたり。脱原発運動も二人は同志です」。

山本家は母と太郎と姉二人の母子家庭だった。息子は母を「ぼくの師匠で同志で母親で友人」と言い、メルアドもノブコノセガレで登録している。父は一歳のとき亡くなっているから「父の存在はぼくの中にはいっさいない」のだそうだ。しかし最初から二人の関係が良好だったわけではない。上京する一六歳まで鬼軍曹のように厳しかった母のことを早く死んじまえと思っていたのだが、東京で俳優になってから母のセンスの良さに気づき、以後尊敬するようになったのだとか。「鬱陶しくなるぐらい面倒見のいい人なんですよ」と息子は言う。「ぼくの中の母性的な部分は母や周りの女性たちの中で育まれた」。

その山本乃布子に大阪で会うことができた。拍子抜けするほど気さくでオープンな人だった。母は息子について身ぶり手ぶりを交えながらこう語ってくれた。

「すべての煩悩が強い子です。性欲も食欲も酒もサーフィンもトコトンまでいく。親にも気を遣う子だから、繊細すぎてどこかで自分を解放したいんですね。太郎の一番の親孝行はこうやって私を自由に本音だけで生きていけるようにしてくれたこと。太郎も今本当の自分で勝負できるから居心地いいと思いますよ」。

最近もう一度山本と話す機会があった。この数カ月間にあったことを彼は口早に話してくれた。金曜日ごとの官邸前デモが盛り上がっているのに、それをメディアが流さないから後半はずっとヘリからネットで実況していた。国政選挙の誘いが二つあったけれどガス抜きに利用されたくないので断った。廃炉に向けての最初のビジネスモデルになればいいと思い、原発がある鹿児島県薩摩川内《せんだい》市の市長選は出馬を考えた。しかし地元を訪ねて一〇〇%勝てないことがわかり、断念。原子力規制委員会の危険性、原発二〇三〇年代ゼロ案のトリック、復興予算のゴマカシ、ACTA批准によるネット通信潰しの問題など、状況は日々最悪の方向に向かっている……。

どうなのだろう、3・11とはそれまで実業とされていたものがじつは虚業だということがバレてしまった事態ではなかったのか。電力というインフラ中のインフラが虚ならその上のものはすべて虚になる。その液状化した足場のなさをそれぞれの人がそれぞれの足の裏で感じている。そんなバレ場で俳優はどうすればいいのか。実業あっての虚業なのに虚ばっかりの中で虚はどうすればいいのかということを山本は彼なりの行動で実況してくれていたように思う。虚に徹すること、パンダ役に徹することで。

虚実が変わればドラマツルギーは変わる。なのに相変わらず予定調和の一件落着ドラマでしのごうとする政官財のトライアングル。ドラマ界も『マルモのおきて』『家政婦のミタ』のヒットを当の現場スタッフたちさえ分析できず、その後の番組は大人に都合のいい子ども、つまり子役を使えばいいと勘違いしてコケてばっかり。政治家もメディアもドラマが描けなくなった。人を摑《つか》めなくなっている。そんな中で四〇〜五〇人の集まりから始まったのが官邸前デモだった。山本も途中から応援に行くようになり、組織動員していないのにいつの間にか倍々の二〇万人へと膨らみ、主催者側発表と警察発表の間に天地の開きはあっても確実に新しいドラマを感じさせてくれた。まだ微かだが「実」を見せてくれたと言ってもいいだろう。

――どうですか、客寄せパンダの集客力は。

「マスコミ的には脱原発の山本太郎は飽きられている。もう色も出ないティーバッグですよ。誰か新しい人に出てきてほしい」。

何も出なくなってからでしょう、役者の見せ場は。そう返すと、山本は小さく笑った。たぶんこれがノブコノセガレの顔なんだろうなと思った。

やまもと・たろう

1974年　兵庫県宝塚市に生まれる。
1990年　高校1年のときに『天才・たけしの元気が出るテレビ!!』の「ダンス甲子園」に出場し、メロリンQとして人気者になり芸能界入り。
1991年　映画『代打教師　秋葉、真剣です!』で俳優デビュー。
1996年　ドラマ『ふたりっ子』(NHK)、映画『岸和田少年愚連隊』、紀行ドキュメンタリー番組『世界ウルルン滞在記』(02年まで。TBS)などに出演。
2000年　映画『バトル・ロワイアル』出演。
2001年　映画『GO』『光の雨』で01年度日本映画批評家大賞助演男優賞受賞。
2003年　映画『MOON CHILD』『ゲロッパ!』『精霊流し』で03年度ブルーリボン賞助演男優賞を受賞。
2004年　大河ドラマ『新選組!』(NHK)出演。
2005年　トーク番組『トップランナー』(08年まで。NHK教育)で司会。
2009年　映画『カイジ　人生逆転ゲーム』出演。
2011年　3月11日、東京・新宿のレストランで食事中に地震に遭遇。4月9日、ツイッター上で孫正義の「原発賛成？　反対？」の問いかけに「反対！」と返して脱原発活動を宣言し、活動家に。翌日、東京・高円寺での反原発デモに初参加。5月、子どもの避難や疎開を支援するプロジェクト「オペレーション・コドモタチ」に参加。所属事務所を退社。6〜7月、ミュージカル『太平洋序曲』に出演。7月、玄海原発の再稼働反対などを訴える佐賀県庁前でのデモに参加（この行動で山本らは告発されたが12月に不起訴確定）。11〜12月、ドイツ、ベラルーシ、ウクライナを訪問。

2012年

3月、大阪に転居。4月、舞台『椿姫』に出演（6月まで）。同月、株式会社ソーラーリフォームに入社（契約満了で7月に退社）。5月、プロサーファーの割鞘朱璃と結婚。6月、官邸前デモをヘリコプターから実況。11月17日、主演映画『EDEN』公開。

曽根中生［映画監督］
伝説の人は死んではいなかった

2012年3月26日号『アエラ』

初対面である。大分駅から日豊線を一時間ほど下って臼杵《うすき》駅に着くとぺしゃんこの野球帽をかぶった曽根中生《そねちゅうせい》（七四）が改札口で待ってくれていた。彼の運転する小型ワゴンに乗り、喫茶店や食堂をハシゴしながら話を聞いた。

——臼杵では曽根中生で通してたんですか。

「いや曽根義忠です。ひところ周りから『ヒラメさんヒラメさん』と呼ばれていた」。

フンドーキン醤油の大きな工場が見える川沿いを運転しながら曽根が言う。義忠は曽根の本名だ。小二のとき終戦。学校で教科書に墨を入れさせられた世代である。とくに「義」と「忠」のくだりは念入りに塗り潰された。

——名前が恥部になったんですね。

「はは。それまでの○がいっぺんに×になった」。

伝説の映画監督である。ロマンポルノの傑作を何本も撮りながら忽然と映画界から姿を消したのが一九八九年秋。「ヤクザに簀巻《すま》きにされて玄界灘に沈められた」「北九州でヤクザの親分をしている」「いやトラックの運転手だ」と噂だけが独り歩きしていたのだが、大方の知人たちもさすがに彼はもうこの世にはいないものと思っていた。

ところが去年の夏、ひょっこり公の場に現れたのである。場所は臼杵からクルマで一時間の湯布院映画祭会場。映画祭の告知をたまたま目にした曽根は自分が撮った『博多っ子純情』（七八年）が上映されることを知り、懐かしくなって事務局に名乗り出たのだった。「曽根中生が生きていた」のニュースに古い知人たちや曽根映画ファンも駆けつけ、当日の会場は不思議な熱気に包まれた。

「自分の目で見るまで半信半疑でした」と言うのは『わたしのSEX白書 絶頂度』（七六年）で脚本も書いているスクリプターの白鳥あかねだ。「でもすぐ本人だとわかった。年は取っていたけど目の光は昔と同じでした」。俳優の光石研《みついしけん》は曽根の目を見たとたん、すくんでしまったらしい。高一のとき『博多っ子』の主役に抜擢され、そこから彼の俳優人生は始まっている。「あのときのまんまの目でした」と光石。「ジーッと見られると本当に怖かった。いくら笑っても目の奥が笑ってないんです」。

曽根の「あの目は怖かった」と言う人は多い。「殺人者の目ですよ」と言うのは『天使のはら

撮影＝芥川仁

わた　赤い教室』（七九年）に主演した蟹江敬三《かにえけいぞう》だ。蟹江はかつて電車の中で男に絡まれそうになったことがある。目の奥にゾッとするものを感じて慌てて次の駅で降りたのだが、後日指名手配者のポスターにその男の顔を見つけ、男が殺人犯だったことを知った。「その男も曽根さんと同じ、とらえどころのない目をしていました」。

「人でなしですよ」。そう断言するのは『不連続殺人事件』（七七年）で曽根の助監督を務めた脚本家の荒井晴彦《あらいはるひこ》だ。新潟のロケ先で曽根がボソッと呟いたらしい。「あのアスファルト邪魔だな」。真夏の炎天下、荒井は汗だくになって泥を撒きアスファルトを隠した。ところがそこは撮られていなかった。「いい作品を撮るために監督は人殺し以外、何やってもいいというのはわかりますよ」と荒井。「でもこの人は人でなしだと思った。人でなしでないと監督になれないのならオレにはムリだなと思って監督になる夢を捨てた」。

七一年、斜陽の日活が生き延びるために踏み切ったのがロマンポルノ路線だった。女の裸とセックスが売りの映画である。白鳥は当時の模様をこう語る。「会社に残る残らないは各自の判断に委ねられました。世間体を気にして大部分の人が辞めていった。残ったのは何であれ映画をやりたい人たちで、私も曽根ちゃんもそう。あのとき自分の運命を自分で決めたんですよ」。製作費は一本七五〇万円と限られたが、一〇分に一回ポルノシーンを入れれば何をやってもいいというのだから助監督だった曽根は進んで残り、七一年末に『色暦女浮世絵師』で監督デビュー。

世間の風当たりは凄まじかった。スタッフの中には幼稚園で子どもがいじめられる者もいたし、伊佐山《いさやま》ひろ子が『一条さゆり 濡れた欲情』（神代辰巳《くましろたつみ》・七二年）でキネマ旬報主演女優賞を受賞したときは「ポルノ女優にやるのか」と半数の選考委員が棄権している。しかし現場には作品で勝負しようという独特の活気が漲《みなぎ》っていた。

「ワクワクしながら撮影所に行った」と言うのは、『㊙女郎市場』（七二年）、『大人のオモチャ ダッチワイフ・レポート』（七五年）、『絶頂度』など曽根の代表作の多くに主演している益富信孝だ。「貧乏なりに手作りでやっているのがたまらなく好きでした。助監の相米慎二《そうまいしんじ》さんも『曽根さんはすごい、すごい』と言いながらその他大勢でよく出ていた」。『女郎市場』は片桐夕子《かたぎりゆうこ》主演の、時代考証も権威も笑い飛ばすドタバタ時代劇。田中陽造の脚本である。一方、大和屋竺《やまとやあつし》が脚本を書いたのが『ダッチワイフ』で、南極越冬隊専属医師とダッチワイフの性愛を描いた異色作だ。

蟹江は映画は映画と割り切って『赤い教室』に出演している。「そしたらいきなり『何もしないでくれ』ですからね」と蟹江。「つまりわかりやすい表情はしないでくれと。ぼくは曽根さんから主役の演技を教わった」。

曽根は俳優の出来合いの演技を認めなかった。二枚目意識の強い俳優がいると、疲れ切ってそれが抜けるまでやり直させたし、「まだ死んでない」とOKをもらえず、鞭打ち症になった殺され役もいた。益富にはいきなりカメラを向け、「何か芝居してください」と何度か注文している。「カメラを回しっ放しにしておくと追い込まれてすごい表情になる。俳優たちもフィルム代が高いのは知ってますからね（笑い）。そこを撮った」と曽根。

『絶頂度』は採血係の看護婦が売春婦になり堕ちていく話だ。当時東京大学の助教授だった蓮實重彦が、曽根の映画では女（三井マリア）の顔が性器になると絶賛し、話題になった。ヒモ（益富）の堕ち切った下品さが秀逸。『赤い教室』も女（水原ゆう紀）が堕ちていく話である。小さな水溜まりを挟んで「こっちにおいでよ」と誘われてその一歩が踏み出せない男（蟹江）。

上野昂志（評論家）「『絶頂度』を見て、ロマンポルノでこんな美しい映画ができるのかと驚いた。世界のドラキュラ映画の中でも傑作です。海外にもポルノはあるが、そこから傑作映画が生まれたなんて話は聞いたことがない。かなりアナーキーな状態で作家主義が奇跡的に成立していました」。

北川れい子（映画評論家）「八〇年代半ばまでに量産された約一千本のうち八割方は男性客相手の消耗品でした。残りの二割が傑作群で『赤い教室』、『実録阿部定』（田中登・七五年）、『四畳半襖の裏張り』（神代・七三年）の三作が生まれただけでもロマンポルノは映画史に名をとどめるに値します」。

――三井マリアはエロいですね。

「とにかく彼女は芝居が下手だった」と曽根。「そこが良かった」。

――性って何でしょう。

「魔物ですよ、性は。果てしがない。堕ちると女も男も戻れなくなる。私の映画は関係の破綻した歪《いびつ》さが加わるからエロとグロが重なり合ってゴツゴツしている」。

ロマンポルノは森田《もりた》芳光《よしみつ》、黒沢清《くろさわきよし》、周防正行《すおうまさゆき》といった後の日本映画を支える監督たちに多大な影響を与えている。曽根「失踪」後、周防や青山真治《あおやましんじ》の映画に出演している光石はどちらの監督からも開口一番、「曽根監督はどうしてるんですか」と尋ねられ、曽根が「いかに若い監督たちからリスペクトされているか思い知らされた」そうだ。曽根門下といえば相米と池田敏春、根岸《ねぎし》吉太郎《きちたろう》である。その流れは相米から黒沢、青山と今に繋《つな》がっている。曽根映画について青山はこう語る。

「曽根さんの映画には人間を生体実験するようにジーッと見ている目がある。成功も失敗も大義名分もなく堕ちていく人間の奥底へ、ロープを伝ってゆっくり降りて行くような残酷な目線です。今村昌平《いまむらしょうへい》さんだって何かしらの大義名分を前提に人間を見ていた。それが曽根さんにはないんですね。曽根さんの方法論を先鋭化させたのが相米さんです。でもぼくの推論ですが、相米さんはそこまで残酷に見つめる描写はできないと考えたのではないでしょうか。相米さんの目線はどこか優しい」。

曽根がにっかつを退社し、知り合いKの勧めで映画製作会社「フィルムワーカーズ」を設立したのは八三年だ。本物のスケバンを使った『"BLOW THE NIGHT!" 夜をぶっとばせ』(八三年)が大ヒットして幸先のいいスタートだった。しかしそれも束の間、暗転する。本人の話を基にロープを伝って降りてみよう。

次の渡辺護監督の『連続殺人鬼 冷血』（八四年）が大赤字を出し、さらにほかの映画の前渡し金をKに持ち逃げされ、妻の実家から借金。横山やすし主演『唐獅子株式会社』（八三年）を撮っていたのだが、焼け石に水で会社は早くも倒産。闇金に手を出してしまう。妻に三行半《みくだりはん》を突き付けられ、離婚。路頭に迷っていたらやはり借金を抱えていた横山に競艇界のドン・笹川良一から金を引き出して競艇の映画をつくろうと誘われ、撮ったのが『フライング 飛翔』（八八年）だった。本栖湖で撮影中、返済が二日遅れたためヤクザに渋谷の喫茶店に呼び出され、土下座させられたことがあった。そのとき偶然その店にいた池田敏春が駆け付け、「オレの監督に何してるんだ！」とヤクザに食ってかかった。「曽根の一番弟子」と目されていた監督である。ヤクザも曽根も呆気に取られて、その場から曽根は救われた。その後ライブハウスの経営者Gの仲介もあり監督料で借金は清算できたのだが、ひどい映画を撮ってしまったという自己嫌悪は消えなかった。競艇の賞金王・野中和夫にもこてんぱんにこき下ろされ、映画から足を洗おうと決意する。

白鳥「映画はバクチです。当たれば王様、当たらないと奈落の底」。

荒井「同期の大和屋さんや田中陽造さんは曽根は天才だと言っていた。しかし経営が絡んでくるとその天才がやれなくなった。一監督で居直っていれば良かったんですよ」。

若松孝二（映画監督）「彼も人の子だから。俳優学校や会社つくって苦労しないで楽しようと思ったんじゃないですか。大学出は頭でいくから弱い。みんな金集めじゃ苦労している。大島渚さんだって大変だった」。

しかし「映画のＤＮＡが体に食い込んでるような人」（白鳥）が映画から逃げ切れるものなのか。逃げ切れたのだ。野中和夫から「別府に来い」との電話が入り、別府に行くと「臼杵でヒラメの稚魚養殖を手伝え」と誘われ、渡りに船とそのまま臼杵の養殖場に住み込み、ヒラメの稚魚相手の生活を始めた。水質・温度管理など気の抜けない作業なので気がついたら映画のことはすっかり忘れていた。赤字が二年続き、野中は撤退。その後は主にヒラメのフィレの卸しで食いつないだ。「ヒラメさん」と呼ばれていたゆえんである。

その間、電力も火力も使わず磁気で有機廃棄物を灰にする「磁粉体製造装置」と、水と油を混ぜた低価格燃料を可能にする「エマルジョン燃料装置」の二つの特許を取得。養殖で知り合った人がつくっていた前者の原型を一目見て魅せられ、実用化するために週二回、九州大学の幡司明の研究室に通って原理から学んだ。改良に改良を重ね、発明家として臼杵市内の会社に役員として迎えられてようやく一息ついたところに『博多っ子純情』上映の告知が目に飛び込んできたのだった。

発明家と監督の想像力の使い方は似ている。映画のＤＮＡを発明に転用することで曽根は映画から逃げ切ったのだ。作業所のスタッフ・宮本民生に曽根のことを尋ねると「変人やろな、偏屈だし」。どこでも曽根の「助監督」は大変なのだった。

「映画に捨てられたんですよ、私は」。作業所からの帰路、山道を運転しながら曽根が呟く。「結局一本も満足のいく映画は撮れなかったけれど、きれい事の映画だけは撮らなかったつもりです。人間というのはいい加減で、嘘つきで、弱いものだというのが私の前提だった。心臓でも太股でもいい、客のどこかを突き刺すような、先の尖った映画を撮ろうと心掛けてきた」。

――それが曽根さんの作家主義？

「ですね。ところが『フライング』ではスポンサーの笹川夫人の方ばかり向いてきれい事を描いてしまった。食うために撮ろうと思ったとたんに映画と純粋に向き合えなくなった。撮ってはいけない映画を撮ってしまったんです。もうやめようと決めた。そう決めたら肩の荷がスーッと下りた」。

曽根が「失踪」した一九八九年は昭和が終わり平成が始まった年だ。平成とはきれい事で覆われた時代である。街並み同様、淫靡《いんび》なものも暴力も見えなければないものと見なされ、市場主義の名の下にあらゆるゴツゴツは整地された。映画界にもテレビ資本が進出。テレビを使って大量の風評を散布しながらドラマの延長線上のツルツル映画が優しさを競った。

そのきれい事のドラマツルギーが破綻したのが去年の3・11だった。そう、○と×が入れ替わったのだ。きれい事が国を挙げてのボカシだったことがバレてしまった。その証拠に、隠されるものより隠そうとする政治家や役人に我々はワイセツさを感じたのではなかったか。曽根の「生存」はそのことを浮き彫りにしてくれたような気がする。

二十数年ぶりに公の場に出ると、すでに神代も田中登、大和屋、相米も亡くなっていた。そして去年の一月に池田が自殺していたことも知った。

「ヤクザに脅されていたとき彼が現れなかったらその後の私の人生は別の形だったかもしれない」。池田のことを話すとき一瞬曽根の目が潤んだ。

――曽根さん、ひょっとして泣き虫？

「うん」。曽根が頷く。「映画は怖い。一本で生死が分かれる。一本一本死ぬ覚悟をするのが監督なんですよ。それでも死にきれないからいつも泣いていた。弱い男です。だから映画から逃げた」。

蟹江が指名手配者の中に見つけた殺人犯も案外涙目だったのではないかとぼくは思った。その男もどこかで死ぬ覚悟を繰り返していたのだろう。

曽根は「新たに映画を撮る気はない」と言う。「発明のことで頭はいっぱいだし、何より映画を撮る体力がない」のだ。一〇年前に食道ガンの疑いがあり胃の三分の二を切除。健康なのだが、体力の衰えは隠せない。

若松「もうムリでしょう。映画は離れているほど撮るのが怖くなる。だからオレは恥も外聞もなく撮り続けている」。

青山「今さら撮られたら困る。太刀打ちできない映画ができるに決まってますから」。

荒井「現役の監督ですよ、彼は。ぼくには自ら監督した映画（『身も心も』九七年）が一本あるんですが、それを見てもらったら『力作だね』と電話があった。そのときの的確な指摘といい、まだ現役だなと確信した。結局曽根門下だったですよ、ぼくも。映画とは何かをメチャクチャなことも含めて彼から教わった」。

大分駅までクルマで送ってもらい、別れ際にこんな質問をしてみた。「今の女優なら誰を使いたいですか」。すると曽根の口からこの名前が出てきた。

「沢尻エリカかな」。

はは、とぼくは声に出して笑った。監督・曽根中生は健在だった。

そね・ちゅうせい

1937年 群馬県北群馬郡子持村（現在の渋川市）に5人きょうだいの三男として生まれる。実家はコンニャク屋。
1962年 東北大学文学部美術史学科を卒業。日活撮影所入社。主に鈴木清順監督の助監督を務める。一方、脚本家集団・具流八郎（田中陽造、大和屋竺など）の中心的メンバーとして活躍。「中生」は「生まれ順が大和屋と田中の間に挟まれているから」と当時の鈴木夫人が命名。
1965年 若松孝二監督のベルリン国際映画祭出品作『壁の中の秘事』のシナリオを担当。
1966年 『けんかえれじい』（鈴木）でセカンドを務める。
1967年 日活社長を「わけのわからん映画だ」と激怒させ、鈴木の日活最後の作品となった『殺しの烙印』のシナリオを担当。「我々が目指したのは殺し屋たちが秘術を競うテレビゲームでした。でもテレビゲームをやるには鈴木さんの美意識は高すぎた」。
1971年 日活、ロマンポルノ路線に転じる。『色暦女浮世絵師』で監督デビュー。
1972年 『㊙女郎市場』『色情姉妹』。
1973年 『実録白川和子　裸の履歴書』『不良少女　野良猫の性春』。
1974年 『実録エロ事師たち』『くノ一淫法　百花卍がらみ』。

1975年　『大人のオモチャ　ダッチワイフ・レポート』。
1976年　『わたしのSEX白書　絶頂度』『嗚呼!!花の応援団』。
1977年　『不連続殺人事件』『新宿乱れ街　いくまで待って』。
1978年　『博多っ子純情』。
1979年　『天使のはらわた　赤い教室』。
1983年　にっかつを辞めて映画製作会社「フィルムワーカーズ」設立。『"BLOW THE NIGHT!" 夜をぶっとばせ』『唐獅子株式会社』。
1988年　『フライング　飛翔』。
1989年　監督引退後、知人の紹介で大分県臼杵市でヒラメの養殖事業に従事。後に「磁粉体製造装置」「エマルジョン燃料装置」の二つの特許を取得。現在は同市で環境配慮型燃料製造装置の研究開発に会社役員の立場で取り組んでいる。
2011年　8月26日、第36回湯布院映画祭のゲストとして二十数年ぶりに映画人、映画ファンの前に姿を現す。
2012年　東日本大震災の瓦礫を臼杵まで船で運び、「磁粉体製造装置」で焼却する「鎮魂祭」を企画。
2014年　肺炎のため、臼杵市の病院で死去。享年76。

今村昌平［映画監督］

人の足場は足と足の間にある

2001年『CONNECT』5号

リストラされ、妻（根岸季衣《ねぎしとしえ》）にも愛想をつかされて人生に自信を失った男（役所広司《やくしょこうじ》）が、能登半島の付け根に位置する漁港の町に流れ着く。男は赤い橋のたもとの一軒家で和菓子を作りながら祖母（倍賞美津子《ばいしょうみつこ》）と二人きりでひっそり暮らす不思議な女（清水美砂《しみずみさ》）と出会う。女には秘密があった。性的関係が途絶えると喉元まで「ぬるい水」が溜まり、官能の極みに達すると、それが大量に溢《あふ》れ出すのだ。男はその秘密に触れ、次第に女に溺《おぼ》れていく……。

今村昌平《いまむらしょうへい》監督の新作『赤い橋の下のぬるい水』は海も山も川も女も水位を増し、全編、水づくしの映画である。笑った。そして、その笑いが引かないうちに今村監督と会うことができた。以下はその顚末である。題して「深読みインタビュー」。今村映画を陰で支える奥さんにも同席してもらった。

――映画を見たあと原作（辺見庸作『赤い橋の下のぬるい水』『くずきり』）を読んでみた。ずいぶん原作と映画は違う。監督にとって原作とは何ですか。

今村　原作はね、ストーリーが触発する。それを糧にしていろんな脚色をする。ところがバカに長いこと時間がかかるから、そのうち原作を忘れちゃうんですよ。べつに軽蔑しているのではなく非常に尊重しているんだけど、忘れちゃう。

――タイトルが出るまでのイントロの流れが気持ちよかった。あの設定も原作にはない。

今村　シナリオライターの功績です。ぼくもびっくりした、出だしの浅草には。川から川へと因縁なきにしもあらずだけど、面白いと思った。

夫人　シナリオ（冨川元文・天願大介《てんがんだいすけ》・今村昌平）を三人三様で書いてくるのですが、今村は若い人の意見で新しい部分、その人が努力した部分は必ず認めて使っています。

今村　いまや携帯電話をみんな持っている。ぼくはあれが嫌いだった。あんなうるさいものはないと思っていた。それが映画の中で使ってみて、映画のためには大変都合がいいと思い始めた。しかしながら、その携帯に絵が映らないのがイヤだった。いちいちカットバックするのは面倒臭かったし、根岸さんの怖い顔をあそこで出したかったから、姿の映る携帯がどうしてないんだとスタッフに言ったら、監督、そりゃムリですよって、一撃の下で打破された。ずいぶん粘ったんですけどね。

夫人　その半年後にはそういう携帯電話が出てきたんですよね。

——語り部でもあるタロウ（北村和夫《きたむらかずお》）の役も原作にはない。タロウのセリフに「チンポが勃つうちだぞ」というのがある。あれは今村さんのメッセージですね。

今村　そうです。もう自分のが勃たないからそういってるわけじゃないんだけど（笑い）。

——あのタロウは浦島太郎じゃないんですか。玉手箱を開いた後の浦島太郎。深読みですか。

今村　そういう解釈もありえますよ。でも、そういう狙いはない。

——川で釣りばっかりしている三人（中村嘉葎雄《なかむらかつお》、ミッキー・カーチス、矢野宣）もチンポが勃たなくなったおじいちゃんたちですね。

今村　そうです。

——勃たなくなると、世間のいろんな出入りが見えるようになるんですかね。川向こうから見ると、とくに？

今村　ふふ。

夫人　今村の撮りたい映画はプランの段階で必ず抵抗にあいます。今回もそう。こんな恥ずかしいものをといわれました。でも、この年で、現実に生きていて、どう見て、どう感じて撮るかというのは歴史的にも意味があるんじゃないかしら。

——で、潮吹きの話になる。私事で恐縮なんですが、じつはぼくもそういう「性癖」のある女性と付き合ったことがあるんです。だから、ぼくにはずいぶん身近なテーマでした。サエコ（清水美砂）みたいに無際限というか、集めてはやし最上川とまではいかないのですが、潮のサラサラ具合といい、吹きの角度といい、じつに正確に描かれていると思った。

今村　まあ、いい加減ですよ、みんな。大体こんなものかなと。

——いや、あれは体験なしでは、あそこまでは描けない。

今村　まあ、体験も少しはあるけど。

——やっぱり……。あの膨大な量の水が、二階から樋伝いに川に流れ込む。あのシーンを見ながら、あれ、この感覚は何かに似ているぞと思った。お通じの感覚が。黒澤明監督の『椿三十郎』です。あの映画では音楽とともに、トンネルをくぐって花々が小川から流れてきますが、あのシーンを彷彿とした。

今村　そう。黒澤監督のいちばん好きな写真ですけどね。だからといって、似せることはないよ（笑い）。

——もうひとつついでに深読みさせてください。というのは、タルコフスキーの影響かもしれないけど、晩年の黒澤監督は水のモチーフをいっぱい使っていた。タルコフスキーなんて宇宙まで行って水を撮っていた。

今村　そうですね。

——年をとると水が恋しくなるんですかね。

今村　そんなことはない。それに晩年晩年ってね、君、そうはいかないよ（笑い）。

――だって、人間はオッパイから始まって流動食、固形食、そして酒や点滴が混じりだして、液体というか水に還っていく。

今村　そういえば、そういう感じはあるね。だんだん水っぽくなってくる。

――監督は糖尿病だと聞いていますが。糖尿病も一種の水の病いですよね。

今村　そうかなあ。

――愛液が水ならインシュリンも水でしょう。

今村　インシュリンなら、いまも腹に打っているよ。少しでも下半身に力をつけたくてね。

夫人　ウソですよ（笑い）。

――今村さんが『赤い殺意』を撮られたのが日活時代です。今回の映画のタイトルといい、赤がお好きなんですか。

今村　ちっとも好きじゃない。あのころはね、ぶくぶく太った女の人が好きだった。春川《はるかわ》（ますみ）の相手役が西村晃《にしむらこう》でね。二人がセックスを行う。その途中、西村が外に出てきていうんです、「春川のことだけどよ」って。「どうした」って聞くと、「もう勃たないよ」。ぼくとしては、そんなに長いことずっと勃っていたのかよっていいたかった（笑い）。

――今回の配役も妙です。

今村　一人一人チェックして、すごく真剣に選びますからね。そうやってさんざん苦労して、ようやく忙しい役者に集まってもらい、一人一人に読んでもらう。それをスタッフに聞かせるというのがぼくの使命でもある。そのとき、やったぜと思えるかどうかなんです。それでキャスティングが成功したかどうかがわかる。

——それは蓋を開けてみないとわからない？

今村 わかりにくいですね。大体はわかるけど、プロだから。

——『楢山節考』の坂本《さかもと》スミ子さんが、雪山の向こうからこちらにポンといたり、倍賞美津子さんがいたり。いろいろ地続きで面白い。楽しんでらっしゃるなあと思った。

今村 昔からの俳優さんの重鎮みたいな人も出ていますからね。

——いい酒と同様、いい俳優は見る者をふわっとどこかに運んでくれる。清水美砂さんがあんなにドキドキする女優さんだとは思わなかった。あのとき妊娠していたとか。

今村 それは関係あるでしょうね。病院に行ってびっくりした。ああ、こんな綺麗な女だったのかと思った。

夫人 自信でしょうね、お腹に赤ん坊が宿っているという。私が最初に産んだときも、彼の第一声がそれだった。全然違う人だって。

——うちのお母ちゃんは、子供を産むとき体が二つに別れて、宇宙を感じたといっていた。

今村 ちょっとそれは文学的なんじゃないの（笑い）。

——映画の中にも宇宙の話が出てくる。ニュートリノを観測する水の地下プールの話が。イタイイタイ病の話とからめて。

夫人　偶然ですが、実際にあそこで起こった、本当の話なんです。

――あまりにもそれがうまくサエコの「水」の理由になりすぎていたような気がしないでもない。本当の話はかえって本当らしくなくなるのかもしれませんね。

今村　できすぎて、ね。

――原作では相模原のS市となっているけど映画では富山の漁港。どうしてあそこに？

今村　なんか都合がよかったからね。

夫人　橋はずいぶん探して歩いた。海と川がぶつかる汽水の辺りにかかる橋がなくて。で、昔富山を歩いた記憶があって、あそこに決めたんです。元々はブルーの橋だったんですが、それを赤く塗り変えて。撮影後、地元の人にそのまま残してほしいといわれて、ずいぶん助かりました。

――向こうに見える雪の山並みは？

今村　あれは立山連峰。立山という酒もあるけど、うまいですね。魚もうまかった。

――家もあそこにあったんですか。

夫人　ええ、川のたもとに。元々は倉庫なんですが、それを作り変えて。

――あの和菓子屋の主みたいな倍賞さんの役も面白いですね。

今村　面白い。初めはちょっと嫌がっていたけど、最後のころは気に入っていましたよ。

――実際よりかなり年齢も上のボケ老人の役。ボケ老人って不思議ですね。もし神様というものがいるのなら、案外、ボケ老人なんじゃないかと思うことがある。深読みですか。

今村　相当な深読みだね（笑い）。

――それでいつも失敗しています。でも、男（役所広司）が嫉妬してサエコを尾行するシーンがあるけど、嫉妬って深読みですからね。

今村　そうそう。

――あの嫉妬の表情はよかった。

夫人　役所さんを見ていて、だんだん艶がなくなっていくのが分かるんですよ。

――精が抜かれていく？

今村　そうでしょう。

――前作の『カンゾー先生』は時代設定が敗戦前後で、あの映画ではみんな走っていた。今回走っているのは、アフリカからマラソン留学している黒人と、女に狂った男だけ。いまの日本はあの時代と違って走りにくい時代なんですかね。

今村　そりゃそうでしょう。二人には思い切って走ってもらいました。

――あの黒人、いい味出してましたね。

夫人　サンコンさんのお姉さんの子供。サンコンさんといっしょに住んでいる。あそこのうちはお父さんが大学の先生だったり、みなさんエリートなんです。

今村　日本語も相当読める。

――今村さんがいちばん走っていたのはいつごろですか。

今村　小津《おづ》（安二郎《やすじろう》）さんの助監督のころ。小津さんにはずいぶん走らされた。日活ではチーフ助監督だったから、威張ったりして、あまり走らなかった。ぼくはサッカーをやっていたから運動神経は鋭いほうなんだけど、小学校のころから徒競走はビリでした。絶対走らないことにしていた。

夫人　怠け者なんですよ。

今村　そうともいえる（笑い）。

――小津さんの助監督はそんなに大変だったんですか。

今村　三畳とか四畳半の狭いところで、ミッチェルというでかいキャメラをもちこみ、アップじゃなく引いて撮るっていうんだから、いつももがき苦しんでいた。でもね、そういうことをやっていたから、『うなぎ』のときは六畳ぐらいの狭い床屋で、女主人公が大暴れするシーンがあるんだけど、なんとか工夫して撮ることができた。床屋の鏡に映らないようにカメラマン以外は全員ふせって撮ったんですが、どうしてこんなにうまく撮れるのか、フランスで話題になったことがある。

――そういう意味では、予算も狭い中で工夫なさっているようですが。

今村　うん。だいたい六畳と同じぐらいの間取りの予算（笑い）。オールロケーションだしね。

――今回の漁の撮影は大変だったのでは？

今村　そうでもない。ただ、ラッシュを見て、これはどこかで見たぞと思った。ぼくの第一回の

『盗まれた欲情』というくだらない題の映画。中身はそんなにくだらなくはないんだけどね。力感があって、力任せに撮っているという。いい年して力任せというのもおかしいけど、なつかしかった。

――そのあたりも原作にないけど、ハッピーエンドというのも途中で原作を切ったような終わり方です。あれは意識的に切ったんですか。

今村　長すぎたから（笑い）。長すぎたから、イヤでね。かなり乱暴に切った。

――日本の若い監督の映画を見ることは？

今村　ありますよ。なかなか面白いと思うけど、せっかくここまできたのに、どうしてもう一押しできないのかと思うことが多い。しつこさが足りない。

――もうひとつ深読みしていいですか。

今村　もうひとつだよ（笑い）。

――清水美砂さんってツルに似ていますね。原作の女はフラミンゴだけど、フラミンゴがツルに化けたと思った。ツルといえば、自分の羽根を抜いて機を織っている「見るな」の民話の世界。水がいっぱい出る女も自分のことをタブー視していた。でも、男が新規まき直しするためにはそこまで行って、つまりぬるい水を浴びて、振り出しに戻らなくちゃならないんだという、新規まき直し譚になっている。禁止されたところに宝物があるわけですね。深読みですか。

今村　いやいや、気に入ったよ（笑い）。

今村昌平、七五歳。インシュリンを打ちながら、いまだ健在である。ひょっとしたら、今から今村昌平の時代になるのではないか。『赤い橋の下のぬるい水』を見て、そう思った。

これまで終身雇用の物語ひとつもっていれば、それを足場にサラリーマンは生きてこられた。しかし、そんなおめでたい話を信じているサラリーマンは、もういない。が、もともとそんな足場なんてねーんだよ、と右肩上がりの時代も変わらず、半世紀近く言い続けていたのが、今村監督ではなかったか。

足場を外されて川に落ちた男どもに、だから、監督は言う。溺れろ、と。溺れてあがいていると、ほら、何か手に当たるものがあるだろう、それを摑《つか》めよ。なーんもないが、まだ勃つチンポがあるじゃねーか、と。灯台もと暗し。人の足場は、なんと足と足の間にあったのだ。ははは、ケッサクである。

いまむらしょうへい
1926年　東京・大塚の開業医の三男として生まれる。
1951年　早稲田大学第一文学部を卒業し、松竹大船撮影所に入社。
1958年『盗まれた欲情』『西銀座駅前』『果てしなき欲望』。
1959年『にあんちゃん』。

1961年『豚と軍艦』。
1963年『にっぽん昆虫記』。
1964年『赤い殺意』。
1966年『「エロ事師たち」より　人類学入門』。
1967年『人間蒸発』。
1968年『神々の深き欲望』。
1970年『にっぽん戦後史・マダムおんぼろの生活』。
1979年『復讐するは我にあり』。
1981年『ええじゃないか』。
1983年『楢山節考』（カンヌ国際映画祭パルムドール賞受賞）。
1987年『女衒　ZEGEN』。
1989年『黒い雨』。
1997年『うなぎ』（カンヌ国際映画祭パルムドール賞受賞）。
1998年『カンゾー先生』。
2001年『赤い橋の下のぬるい水』。
2006年　転移性腫瘍のため79歳で死去。

まど・みちお〔詩人〕

小心者の詩の神様

2004年8月2日号『アエラ』

みおろす　キリンと
みあげる　ぼくと
あくしゅ　したんだ
めと　めで　ぴかっと…

そしたら
せかいじゅうが
しーんと　しちゃってさ
こっちを　みたよ

（キリン）

まど・みちおの大ファンだという詩人の谷川俊太郎《たにかわしゅんたろう》は、彼のことを「非常にユニークな、特別の存在」といい、ねじめ正一《しょういち》は「長嶋さんが野球の神様なら、まどさんは詩の神様です」といって憚《はばか》らない。いわば素人にもプロにも受ける、怖いものなしの詩人のはずなのだが、当の本人はむしろひっそりと、こういうのだった。「トンチンカンばっかりやってるんですよ」。

朝は四時か五時に目を覚まし、まず湯を沸かす。魔法瓶の湯を取り換える。ゴミを門のところに持っていき、ゴミ箱に入れる。そして、そこで深呼吸をひとつ。手を上げると恥ずかしいので、手は下ろしたままスーハーと腹で息をする。

午後は仕事場にいたり、掃除をしたり、洗濯物を干したり。妻の寿美《すみ》が昨年末に足を骨折してからは、まどはできるだけ家事を手伝っている。しかしパンツを二枚重ね、靴下はバラバラに干すから、「しまうとき大変でしょ」と妻に怒られる。靴下を片足に二つ履いて、片っぽが「ないない」と捜していたかと思うと、引き戸に手を挟んで内出血したり。そこに絆創膏《ばんそうこう》を張って、濡れないように風呂にも注意して入っていたが、三日目に違うところに張っていたことに気づいた。入れ歯をどこかに忘れたり、メガネを忘れるなんてしょっちゅう。最近は割り算も忘れてしまった。

「カミさんも洗濯物を入れないまま洗濯機を回したりしているから、夫婦でトンチンカンです」と、まどはいう。「でもそのおかげで楽しい。年寄り夫婦の生活なんて索漠としたものですからね。じっさい詩はトンチンカンに似ています。だから次々にやって来るトンチンカンをメモにとっとこうと思うんだけど、それも大方は忘れてしまうんですよ」。

ほっそりした人だ。筋肉の塊がどこにも見当たらない。体付きもそうだし、話にも力コブが入らない。顔にはさすがに九四年分のシワが複雑に入り組んでいるのだが、笑うと顔中のシワが整列して、ハハハの「ハ」の字になる。

散歩はあまりしない。極度の出無精《でぶしょう》なのだ。前立腺を患ったとき医者に適度の運動をするよう勧められたのだが、寒いときは控えるようにと釘をさされたのをいいことに、寒くなったので喜んでやめた。そのまま暖かくなってからも散歩はしていない。手紙はなるべく書くようにしている。書いたものを何日も放っておくと気になってしょうがないので、すぐポストに出しに行く。その往復がまどの散歩といえば散歩。ほとんどネコ並み、いやそれ以下の行動半径である。

それでもその散歩の途中で立ち止まり、その時々の草花を虫メガネで覗《のぞ》く。まどのポケットにはビスケットならぬ虫メガネ、それも金魚すくいの輪っか大のものがいつも入っている。先日も珍しい草が一本立っていたので、ちょっと触ったら、その草が動き出した。びっくりしてメガネで覗くと、虫のタマゴだった。

「一日として同じだと思う景色はないんです」と、まどはいう。「必ず何か新発見みたいなものがある。小さいことでもね。ほんとに驚くばっかりです」。

出無精のまどにも断れない会合がある。そんなときはいつも会場の隅っこに独り座り、頃合いを見計らってスーッと帰る。ほとんどの記念写真に彼は写っていない。いつも一番隅っこに立つから、写真からはみ出しているのだ。

しかしだんだん年をとってくると周りが一人ずつ亡くなり、いつのまにかまどが一番の年長者になっていた。そうなると一言挨拶《あいさつ》を、ということになる。大勢の前で話ができないまどは固辞する。いや、ほんとに一言でいいんだからと説得され、結局、乾杯の音頭を取ることになる。ところが緊張のあまり、まどは乾杯前の一言も飛び越え、いきなり「乾杯、乾杯、乾杯」と、乾杯を三唱していたのだった。

「手のつけられん小心者なんです」。

九四歳の老人はいう。

そういうまどを、家族のものはどう見ているのだろう。長男の石田京《いしだたかし》に聞いてみた。息子といっても現在六三歳。京が台北《タイペイ》で生まれたとき父は戦地にいて、敗戦後の五歳になるまで彼は父に会ったことがなかった。

「ある日突然、知らないおじさんが出てきて、母にお父さんだよっていわれたんですよ」と京はいう。「父が酒でも飲んで、『お前、ちょっとここへ来い』というようなタイプだったら、すぐに打ち解けたかもしれない。でも酒もやらず、自分から働きかけることのできない人だから、父との距離感を縮めるにはずいぶん時間がかかりました。父も幼いころ両親と別れて暮らしているから、ぼくと境遇は似ているんだけど、『ここへ来い』の一言がいえない。生きるのが非常に不器用な人だと思いますよ」。

まどが小学生になる前の五歳のときだった。ある朝、目を覚ますと、家の中がひっそりしており、母、兄、妹がいなかった。まどを独り残して父のいる台湾に行ったのだ。父は職探しに二年前に単身台北に渡航していた。祖父との二人だけの生活が始まった。息子を一人残したのは、仕送りのための人質という意味合いもあったようだが、幼いまどは親に捨てられたと感じた。そのころからである、草花をはじめとする小さいものに彼が異様に興味を示すようになったのは。

小学校三年のときに台湾に渡り、家族と合流するが、とうとうまどは父と打ち解けることができなかった。そして一番必要な時期に母を味わい尽くせなかったのが、まど・みちおという詩人なのである。「おかあさん」という詩がある。

おかあさんは
ぼくを　一ばん　すき！

ぼくは
おかあさんを　一ばん　すき！

かぜ　ふけ　びょうびょう

あめ　ふれ　じゃんじゃか

一方、妻の寿美は、まどについて、こう語ってくれた。

「経済的なことには全然無頓着。でもお酒は飲まない、タバコは吸わない、遊びにも行かないから、まったくお金のかからない人なんです。それでも生活が楽になったのは『ぞうさん』が売れ出してからでしょうか。これだけみんなに愛唱されて大したもんだと思うとともに、生活も楽になって『ぞうさん』様々（笑）。だから私にとっての主人は本名の石田道雄《みちお》と、まど・みちおが半々。いい旦那《だんな》様ですよ。優しいし」。

が、それですべてかというと、そうでもないようだ。『まど・みちお全詩集』の編者・伊藤英《いとうえい》治《じ》はいう。

「よく奥さんから不満の電話がありますよ。『つまらない、つまらない、こんな亭主持って』と。『何が食べたいと聞くと、何でもいいと、六〇年間同じ返事。ほんとに料理の作り甲斐《がい》がない。洋服買っても喜ばないし、旅行に行こうといっても行かないの一点張り』。『でも奥さんがいるからまどさんは詩を書いていられるんだし、全国の読者も喜んでくれるんですよ』というと、すぐ機嫌がよくなって、電話が切られる。切り替えが早い。なんやかんやいって、二人はいいコンビなんですよ」。

とまあ、外でも内でも、まどは「非常にユニークな存在」なのだった。では酒も飲まず、タバコも吸わず、遊びにも行かずに、彼は一体何をしていたのか、ということになる。引力について考えていたのである。唐突だろうか。そう、あのニュートンが発見した引力。

まどは、かつて佐藤慶次郎《さとうけいじろう》という彫刻家の作品に魅了されたことがある。細い針金状の金属に電流を流すと、それにはめられている白い玉が微弱な振動によって上下にゆっくり移動する、動く彫刻だった。ニュートンは引力そのものを見たのではなく、リンゴの落下を見たにすぎなかった。しかし、その作品はまどには引力そのもののように見えた。いくら眺めていても飽きるということがなかった。あれほど出無精のまどが、その作品の展示会場だけには足繁《あししげ》く通った。恋着したのである。

まどにとって引力とは母である。彼の詩でもそのことは明示されている。たとえば「足だけは／みんな　地球の　おなじ中心を／ゆびさしています／おかあさあん…／と　声かぎり　よんで」と書かれた「頭と足」。

ミもフタもないのだが、ここではっきりいっておこう。まど・みちおは大変なマザコンなのだ。妻の不満の本源もそこにある。ただ相手が引力では摑《つか》み所がないし、自分にも働いているわけだから、邪険にもできない。「ま、いいか」と素早く気持ちを切り替えられるのが、詩人の妻の才覚だった。

かくして、まどは引力の探検に深入りしていくのだが、といっても引力は遍在するから、ネコ並みの行動半径で十分間に合う。地球を感じるのに、なにもその都度ロケットを打ち上げる必要はない。

「地球の用事」という詩がある。そこでは手から転がり落ちたビーズ玉一コが、ヒザ、座布団、畳へと低い方へ低い方へ転がり、畳の隅の焦げ穴に入って止まる。そして、詩はこう閉じられている。「ああ　こんなに　小さな／ちびちゃんを／ここまで　走らせた／地球の　用事は／なんだったのだろう」

「言葉自身が遊びたがっている」というのが、まどの口癖だ。アリ、蚊、ゾウ、ビーズ、漬物の重し同様、言葉のパーツにも引力は働いている。その力を使って、まどは言葉を遊ばせるのだ。ねじめ正一は、まどの言葉遊びの世界に驚嘆する。たとえば「もぐら」という詩。「もぐらはもぐらで　もうそれだけで／もうしぶんなく　もぐらだから……」と延々と続く。

「書いてるうちにご本人もどんどん楽しくなって、自分の言葉につまずいちゃって、前のめりになって、倒れそうになるんだけど、また立ち直って、それでもまだ言葉を出している。子供が砂遊びするように言葉の山を一生懸命つくっている感じ。終わり方も計算が見えないし。これはもう誰にも真似のできない、まどさんの独壇場です。一日中、詩のことばっかり考えている人の詩です」。

自分の詩作法について、まどはこんなふうに語る。

「私は難しい漢字も文法も知らない。小学生が書くような言葉で可能なことをやっているだけです。だから、文学的にはべつにどうちゅうことでもない。ただパッと感じたことがあれば、それをなぜだろうと考えてみる。そこでハッとすることがあれば、それが私には詩になるわけです。ほんとは短い、スカッとした詩が書きたいんだけど、それがなかなか書けない。そういう、ほとんど絶望的なときに言葉遊びをやるとちょっと落ち着くんですよ」。

砂場もそうだが、まどの頭の中にはほかにもいくつか言葉の遊び場がある。ブランコ、シーソー。そして二、三秒で滑り終わる、クルッと一回転渦を巻いた滑り台があるのではないかというのがぼくの考えだ。

つぼを　見ていると
しらぬまに
つぼの　ぶんまで
いきを　している

（つぼ・Ⅰ）

つぼは
ひじょうに　しずかに
たっているので
すわっているように
見える

（つぼ・Ⅱ）

撮影＝渡辺誠

短い詩である。二、三秒でクルッと一回転して滑り終わったときの着地感。軽いめまい。短い詩ということは一口で味わえるということだが、それを頬張《ほおば》った後に口の中で広がってくる、まど独特の甘さ。それは永遠といってもいい時間が詰まった一コの種子である。

谷川俊太郎は、まどの詩との出会い、その独特の世界について、こう語る。

「現代詩の世界にはうんざりしてましたからね、とにかく新鮮でした。とくに短い詩。発想はずいぶん違うけど、ぼくは俳句的なものを感じる。まどさんは世界を言葉にも絵にもならないものとして感じているんだと思う。そして、短い言葉で世界を言い当てたんじゃないかな」。

階段で、まどはこんな遊びをしている。

この　うつくしい　いすに
いつも　空気が
こしかけて　います
そして　たのしそうに
算数を
かんがえて　います

（かいだん・I）

「手のつけられん小心者なんですよ、私は」。

まどは自分の「生きにくさ」について、こう繰り返し、言葉を続けた。

「私は偉い人がおったら、怖《お》じ気《け》づいて逃げ出すんです。命はみんな同じだと信じていながら、信じていないんだな、これが」。

――どういうことですか？

「私は戦争協力詩みたいなものを書いてるんですよ。そのことを忘れちゃならんと思ってるんでしょうね。今でも昔のように憲兵に睨《にら》まれたら、またそういうのを書くかもしれないという気持ちが私の中にはありましてね。だから、もう立派なことは絶対いえないという気持ちをいつも持っとらんといけないと思っとるんです。すぐ言いたがるんですよ、私は」。

隅っこに宇宙を発見してきた詩人はまた、歴史の隅っこから自分に視線を向け続ける戦後の詩人でもあった。

まどの詩人としてのデビューは遅い。第一詩集『てんぷらぴりぴり』の出版が一九六八年。五八歳のときだ。戦地から帰還した彼が二、三秒の自由を遊ぶためには、それだけの時間がかかったのだろう。そして、今九四歳。「奥さんは、どんなことがあっても一〇〇までは生きてもらうわ、といってました」というと、ハハハ。まどの顔が「ハ」の字になった。

まど・みちお

1909年　山口県徳山市（現・周南市）に生まれる。本名、石田道雄。
1915年　5歳のとき母が兄妹を連れて台湾の父のもとに渡り、祖父と二人の生活が始まる。10歳のとき台湾の家族のもとに渡る。
1929年　台湾で土木技師として働きながら、詩作を続ける。その後、台北ホーリネス教会で洗礼を受けるが、教会内のゴタゴタに嫌気が差し、足が遠のく。
1934年　雑誌『コドモノクニ』に投稿した童謡が北原白秋に選ばれて特選となる。
1943年　召集され、南洋の島々へ送られる。
1946年　日本帰還後、妻子とともに川崎市に住み、味の素工場の守衛をしながら、詩作を再開。
1948年　婦人画報社を経て国民図書刊行会に勤務。
1951年　『ぞうさん』を書き、翌年、團伊玖磨の曲でラジオ放送される。
1959年　出版社を退職し、詩・童謡の創作に専念。
1961年　このころから64年まで絵画制作に没頭。
1968年　第一詩集『てんぷらぴりぴり』が野間児童文芸賞を受賞。以後、童謡より詩の創作が中心となる。
1992年　『まど・みちお全詩集』刊行で、芸術選奨文部大臣賞などを受賞。皇后・美智子選訳の『*The Animals*』を日米同時出版。
1994年　日本人初の国際アンデルセン賞作家賞を受賞。
2003年　日本芸術院賞を受賞。
上記以外の著書に『風景詩集』『ぼくがここに』『メロンのじかん』『うめぼしリモコン』『たったった』、画集『とおいところ』など多数。
2014年　老衰で死去。享年一〇四。

あとがき

何人かの方が亡くなった。円楽師匠、喜春姐さん、今村昌平監督がその後亡くなったのはご承知の通りである。氷川きよしを発見しスターに育てた長良じゅんさんも他界し、去年はまど・みちおさん、曽根中生さん、松本健一さんと三氏の訃報が続いた。

曽根さんとは彼が上京したときに飲んだことがあった。別れぎわに、臼杵はフグの養殖も盛んなので、「こんどフグ屋に案内しますよ」「きっと行きます」と再会を約束したのだが、それが曽根さんと交わした最後のことばになった。

その翌日、彼は日活創立一〇〇周年記念特別企画として始まった「日活ロマンポルノ」特集上映の初日舞台挨拶に登壇。ぼくは行けなかったのだけれど、多くのファンたちに温かく迎えられ大盛況だったらしい。ふしぎな映画人生を送った人だった。いつか臼杵にフグを食いに行こうと思う。

松本さんとは葉書のやりとりが続き、ときどき新著を送ってもらった。『海岸線の歴史』（ミシマ社）を読み、万葉集からトロイアやカルタゴ、マラッカ海峡の話など古今東西の海岸を縦横無尽に渉猟した内容に圧倒されたものだ。それからまもなくではなかったか、菅直人内閣に請われて彼が内閣官房参与に就任したのは。たまにテレビで見かけると、痩身からさらに肉が落ちて、リアルポリティクスを相手に骨身を削っている様子が伺えた。

彼の遺作となった『『孟子』の革命思想と日本――天皇家にはなぜ姓がないのか』（昌平黌出版会）も一気に読んだ。日本という国のかたちをラディカル（根源的）に腑分けしたスリリングな本である。松本さんの本は、いつも何枚か目からウロコを落としてくれた。

まどさんとは新百合ヶ丘の駅で待ち合わせたことがある。「おいしいコーヒーを飲みましょう」と近くの喫茶店に案内された。そこで九四歳の詩人はいちばん濃いコーヒーを注文し、おいしそうに飲んだ。北原白秋の詩集に出てきそうなコーヒーだなと思ったのを覚えている。二五歳のとき白秋に文章を認められたのがきっかけで本格的に詩や童謡を書き始めた人だった。

掲載した雑誌を送本してまもなく、まどさんから葉書をもらったことがある。「家内にも一部送ってもらい、ありがとうございます。これまで自分宛に送ってもらったことがなかったので、とてもよろこんでいました」。仲のいい夫婦だった。

彼が一〇〇歳を迎えたとき、NHKが特集番組を組んだ。そのときは独り入院生活を送り、奥さんとは起居を別にしていたのだが、相変わらずおちゃめで元気そうな姿を見ることができた。それから数年後つまり去年の春、テレビのニュースを見ていたら、一〇四歳の詩人の死が短く伝えられたのだった。日本の翁《おきな》が亡くなったなと思った。

じつに多くの方々にお世話になった。まず二〇テーマの方々にお礼を申し上げたい。そして周辺取材に応じてくださった方々にも、この場を借りてお詫びとお礼を申し上げておきたい。数時間に及ぶ取材をしながら一～二行しか引用していない方もいるし、中には紙幅の関係から割愛させてもらった方もいる。多くの編集者、カメラマンにお世話になった。今回使わせてもらった写真はすべて取材当時のものだ。

この本を出すにあたって、もと平凡社の清水寿明さん、平凡社の松井純さんと保科孝夫さんにご尽力いただいた。三人にはあらためてお礼を申し上げたい。多くの人がかかわっている本なのでずいぶん苦労があったと思うのだが、保科さんには辛抱強くつき合ってもらった。本の装丁は戸田正寿さんが二つ返事で引き受けてくださった。また出版に際して、文化人類学者の今福龍太さんに大いに助けていただいた。彼の力添えがなかったらおそらくこの本は日の目を見なかっただろう。最後に応援してくれた家族にも一言お礼をいっておきたい。ありがとう、かをり。

二〇一五年春

岩切徹

［著者］
岩切徹（いわきり とおる）
1955年宮崎県生まれ。早稲田大学第一文学部中退。雑誌編集者をしながらイッセイ・ミヤケ・スタジオの『一生たち』や『毛利の服』などを編集。その後、『亡命者――ARTISTS IN EXILE』（岩波書店）を執筆。現在ノンフィクション・ライターとして雑誌などに寄稿。

人のかたち ノンフィクション短篇20

2015年4月24日 初版第1刷発行

著者 岩切徹
発行者 西田裕一
発行所 株式会社平凡社
〒101-0051 東京都千代田区神田神保町3-29
電話 03-3230-6580（編集）
03-3230-6572（営業）
振替 00180-0-29639
装幀 戸田正寿
印刷 藤原印刷株式会社
製本 大口製本印刷株式会社
DTP 平凡社制作

落丁・乱丁本のお取り替えは小社読者サービス係までお送りください（送料小社負担）

平凡社ホームページ http://www.heibonsha.co.jp/
ISBN978-4-582-83681-3 C0095
NDC 分類番号916 四六判（19.4cm） 総ページ256